El Seguro Social Preguntas y Respuestas

Su guía para navegar por el sistema y obtener lo que usted ha ganado

Stanley A. Tomkiel, III
Abogado
Marta C. Quiroz-Pecirno
Traductor

SPHINX® PUBLISHING
AN IMPRINT OF SOURCEBOOKS, INC.®
NAPERVILLE, ILLINOIS
www.SphinxLegal.com

Primera Edición, 2003

Publicado por: **Sphinx® Publishing, Impresión de Sourcebooks, Inc.®**

Naperville Office
P.O. Box 4410
Naperville, Illinois 60567-4410
630-961-3900
Fax: 630-961-2168
www.sourcebooks.com
www.SphinxLegal.com

Esta publicación está destinada a proporcionarle información correcta y autorizada respecto a los asuntos cubiertos. Se vende entendiéndose que la editorial no se compromete a suministrar servicios legales o contables, ni ningún otro tipo de servicios profesionales. Si se requiere asesoramiento legal u otro tipo de consulta profesional, se deberán contratar los servicios de un profesional competente.

De una Declaración de Principios aprobada conjuntamente por un Comité de la Asociación Americana de Colegios de Abogados y un Comité de Editoriales y Asociaciones

Este libro no reemplaza la ayuda legal.

Advertencia requerida por las leyes de Texas.

Library of Congress Cataloging-in-Publication Data
Tomkiel, Stanley A.
  [Social security Q & A. Spanish]
  El seguro social preguntas y respuestas : su gu'ia para navegar por el sistema y obtener lo que usted ha ganado / by Stanley A. Tomkiel, III.
    p. cm.
  ISBN 1-57248-350-4 (pbk. : alk. paper)
  1. Old age pensions--Law and legislation--United States--Miscellanea.
  2. Medicaid--Law and legislation--United States--Miscellanea. 3.
  Social security--Law and legislation--United States--Miscellanea. 4.
  Old age pensions--Law and legislation--United States--Popular works. 5.
  Medicaid--Law and legislation--United States--Popular works. 6. Social
  security--Law and legislation--United States--Popular works. I. Title.
  KF3650.T65318 2003
  344.73'023--dc21
                                                    2003001674

Printed and bound in the United States of America.

BG Paperback — 10 9 8 7 6 5 4 3 2 1

Contenido

Introducción

Como abogado y representante de los servicios que provee el seguro social, he contestado preguntas por más de veinticinco años. Durante este tiempo, miembros del público, clientes, abogados, contadores y otros entendidos me han hecho miles y miles de consultas. Mucha gente, incluyendo profesionales, tiene dificultades hasta para realizar preguntas porque desconocen los puntos básicos relacionados con el sistema del seguro social, es decir: cuáles son los servicios que esta entidad intenta cubrir y cuáles son los que no cubre. Hay tanta variedad de programas sociales que fácilmente se presta a confusión.

Para facilitar una respuesta que tenga sentido, es muy importante entender el proceso de elaboración del pensamiento de quien pregunta. Por esta razón, he incluido en este libro las preguntas originales tal como fueron formuladas por las personas. Mis respuestas están hechas de forma tal que no solamente proveen la información correcta, sino que aclaran las ideas equivocadas que existen en algunos casos. He tratado de proveer respuestas completas, aunque esto requiera que la contestación sea más larga.

Con demasiada frecuencia los panfletos oficiales y las formas de preguntas y respuestas que se encuentran comúnmente contienen preguntas invariables que han sido diseñadas para facilitar un medio que provea una respuestilla de información inofensiva. De este modo la lectura es aburrida. En este libro he usado preguntas verdaderas de personas reales que abarcan distintas áreas del seguro social. Algunas de las mismas pueden resultar aburridas. Otras pueden parecer que previnieran de una telenovela. Les puedo asegurar que las preguntas y las respuestas son verdaderas, hechas por personas reales. Se han hecho sólo algunas modificaciones con fines gramaticales.

Para que este libro le sea de gran utilidad primeramente debe pensar cuál es la clase de pregunta que usted tiene. Si el motivo se relaciona con el proceso de obtener beneficios o de cuánto dinero usted va a obtener, debe referirse al Capítulo 7 acerca de Cómo Solicitar Beneficios y al Capítulo 8 para Pagos de Beneficios. Si su pregunta se relaciona con los beneficios que cubren al trabajador (cobertura para el trabajador) usted debe mirar el Capítulo 2 referente a Incapacidad o el Capítulo 1 que se trata de Jubilación. Si busca información de beneficios sobre familiares que son dependientes o superviviente de un beneficiario, entonces debe consultar los Capítulos 3, 5 y 6. El Capítulo 4 se refiere a Medicare (programas del fondo de seguro social para asistencia médica a personas mayores de 65 años), mientras que en los Capítulos 9 y 10 se tratan temas más generales como los impuestos del Seguro Social, la tarjeta, el número y el robo (falsificación) de identidad.

Estas preguntas han sido agrupadas según averiguaciones que se me han enviado de todas partes del país a través del correo electrónico. Puedo responder sin cargo sólo una parte de las preguntas que recibo; de todas maneras mis respuestas están en mi sitio web en el Internet. He escogido preguntas que tienen una amplia aplicación para que muchos lectores se puedan beneficiar. Si desea presentar una pregunta o leer las que otras personas hacen con sus respectivas respuestas, usted puede visitar mi página web al:

www.SocialSecurityConsultant.com

✎**NOTA**: A fin de evitar la repetición de dos palabras comunes de este libro, se usa la abreviatura P para Pregunta y la R para Respuesta.

1.

Jubilación

La parte central del sistema del Seguro Social es el programa de req. Esta fue la intención original del Seguro Social y hoy comprende la mayor parte de los beneficiarios. Este es el más grande de los tres programas de jubilación, sobrevivientes de beneficiarios e incapacidad. La intención general de los beneficios de jubilación fue originalmente proveer un reemplazo de la pérdida de ingresos que se produce cuando una persona entra en edad, dado a la capacidad de obtener ganancias por las limitaciones de las circunstancias. Desde hace unos años, se ha ido modificando hasta convertirse en un programa de ayuda social con derecho de acuerdo a la edad, eliminando así las restricciones de ganancias para los de Edad de Jubilación Completa, la cual ha ido incrementándose para aquellos nacidos después de 1937.

Este incremento (del requisito de edad) va en aumento de dos meses de acuerdo a lo planeado por año de nacimiento. Para aquellos nacidos en 1938, la Edad de Jubilación Completa es de 65 años y dos meses, para aquellos nacidos en 1939, es de 65 años y cuatro meses, y así continúa el incremento para los que nacieron en años posteriores. La edad de jubilación se nivela a los 66 años de edad para los nacidos entre 1943 y 1954.

El requisito de edad continúa aumentando dos meses por año para aquellos que han nacido en 1955 y más tarde, hasta que la Edad de Jubilación Completa es de 67 años para los nacidos en 1960 y posteri-

ormente. Un beneficiario puede cobrar los beneficios de jubilación tan pronto tenga 62 años, pero el porcentaje de reducción de beneficios será mayor debido a la Edad de Jubilación Completa. Anteriormente la reducción completa por edad era del 20% a la edad de 62 años. Bajo la nueva revisión de la ley, la reducción será del 30% a la edad de 62 años para los nacidos en 1960 y subsiguientemente.

Las siguientes preguntas y respuestas se refieren a:

➤*cómo y cuándo solicitar los beneficios de jubilación;*

➤*cómo obtener mayores pagos por beneficios;*

➤*el efecto de las ganancias sobre esos beneficios; y*

➤*el efecto de otros tipos de ingresos.*

PMi esposo se jubilará oficialmente el 1º de abril de este año y dejará de trabajar bajo el plan de jubilación temprana. Él desearía trabajar otra vez para favorecer sus ingresos, pero no desea rebajar sus beneficios del Seguro Social en el futuro. Una persona nos dijo que el beneficio del Seguro Social se basará en el precedente de sus últimos cinco años de trabajo. Ya que a él solo le faltan cinco años para sacar su Seguro Social, ¿qué es lo que debe hacer para mejorar sus ingresos sin interferir con sus beneficios futuros?

Él cobraba más de $16 la hora en el empleo anterior donde trabajó por 36 años. Naturalmente, si empieza un nuevo trabajo (considerando que hay pocos trabajos y a grandes intervalos), cobraría entre $7 y $9 por hora.

¿Qué es lo que se le está permitido hacer para no interferir con sus futuros beneficios que le corresponderán basados en esos 36 años que trabajó con la compañía? Naturalmente él no quiere comenzar otro trabajo que le pague a mucho menor escala y que, por lo tanto, se le puedan reducir sus beneficios del Seguro Social debido a que estaría recibiendo un salario mucho más bajo en los próximos cinco años?

R Es un *concepto erróneo muy común* creer que los beneficios que se deben recibir del Seguro Social se basan en los ingresos obtenidos durante los últimos cinco años en que una persona ha trabajado. Actualmente, los beneficios del Seguro Social se basan en ingresos que se han obtenido en el transcurso de un período de cuarenta años. Los cinco años de mínimos ingresos se descartan y se toma el promedio general sobre los treinta y cinco años restantes. Los treinta y cinco años no tienen que ser consecutivos y un año posterior pueden sustituirse por un año anterior si existen ganancias obtenidas después de la jubilación. En el caso de su esposo, si deja de trabajar ahora, sus beneficios no serán menores aunque él trabajara medio tiempo desde este momento hasta que cumpla los 62 años.

En efecto, si sus ganancias en años posteriores a su retiro son mayores que en los años anteriores, su trabajo de medio tiempo puede *incrementar* sus beneficios del Seguro Social. Por lo tanto, usted puede decirle que vaya a trabajar y que definitivamente no se disminuirán sus beneficios. Si algo pudiera ocurrirle es que se incrementen.

P ¿Si usted está sacando dinero de su IRA (plan de ingresos internos) se puede contar como parte del salario que gana si continúa trabajando unas pocas horas cuando está cobrando su Seguro Social?

R No. Los pagos que se reciben en concepto de planes de retiro, ya sean de IRA, Keogh o cualquier otra compañía que provee planes de pensiones, no afectarán sus beneficios del Seguro Social.

P **Mi esposo cumplirá 65 años en octubre y actualmente está recibiendo beneficios de las reservas de la Fuerza Aérea en concepto de jubilación. Él está trabajando en las oficinas del correo y desea trabajar y recibir los beneficios del Seguro Social simultáneamente. ¿Cómo le afectará lo que recibe de la Fuerza Aérea a la suma que recibe del Seguro Social? Tenemos dos niños de 13 y 16 años, ¿podrán ellos recibir beneficios?**

R Su esposo podrá recibir los beneficios del Seguro Social aunque reciba otras pensiones. Él puede trabajar pero si sus ganancias exceden la *suma anual exenta* por el año, entonces perderá $1 de beneficios del Seguro Social por cada $3 sobre la suma anual exenta. Esta suma exenta varía dependiendo de la edad. Para aquellos que alcanzan los 65 años en el año 2002, la suma anual exenta es de $30,000. Además, las únicas ganancias que cuentan son las obtenidas algunos meses antes de cumplir los 65 años.

Por ejemplo:
Si sus ganancias anuales de enero a septiembre son menores de $30,000, él recibirá sus beneficios del Seguro Social en forma completa.

Los niños también tendrán derecho a recibir beneficios hasta que cumplan 18 años. Además, usted como madre de un niño menor de 16 años también tendrá derecho a recibirlos como joven esposa. Su derecho a los beneficios que reciben las jóvenes esposas terminarán cuando su hijo menor tenga 16 años. ❋

PComprendo que antes de que se aprobara la nueva ley que permite a cualquier persona mayor de 65 años ganar una cantidad ilimitada de ingresos, había un límite en la suma de dinero que uno podía ganar entre los 65 y 70 años de edad. También sé que bajo la antigua ley, si uno se jubilaba en la mitad del año sólo podía ganar alrededor de $700 por mes antes de que la suma correspondiente a la contribución del Seguro Social fuera retenida. Bajo la nueva ley, uno se puede jubilar a los 65 años de edad y continuar trabajando y ganando ilimitada cantidad de dinero. Mi pregunta es: si me jubilo en la mitad del año, pongámosle junio, bajo la nueva ley ¿cuánto dinero puedo ganar por mes, hasta finalizar el año? ¿Acaso también esta suma es ilimitada?

RDesde principios del año 2000, cuando alguien cumple 65 años, no hay límites en las ganancias hasta el comienzo del mes en que cumple los 65. Si usted gana menos de $17,000 durante los meses del año anterior a los 65 años, puede recibir beneficios por todo el año (si le pertenece) o si sus ingresos obtenidos en el año calendario previo a sus 65 años exceden los $17,000 en el mes anterior a que usted cumpla los 65 años, se le retendrá $1 en beneficios por cada $3 en ganancias sobre el límite, solamente por los meses previos a los 65 años. Usted puede recibir sus beneficios por cualquier mes que gane menos de $1,417 sin importar cuánto haya sido la ganancia del año calendario previo a sus 65 años.

P¿Cuánto dinero se puede ganar mientras se están recibiendo los beneficios del Seguro Social después de los 65 años?

RUsted puede ganar tanto como desee *después* de cumplir 65 años. Debido a los recientes cambios de la ley, las ganancias después de la *Edad de Jubilación Completa* (Full Retirement Age) (que es 65 para la mayoría de los beneficiarios pero que va en aumento para aquellos nacidos después de 1937), no afectarán los pagos de beneficios. Por los años que usted obtenga la *Edad de Jubilación Completa*, perderá $1 en beneficios por cada $3 sobre la suma exenta de salarios ganada antes de obtener su *Edad de Jubilación Completa*. Para el año 2002, la suma anual exenta es de $30,000. Si usted gana $30,000 o menos en el año en que cumple los 65, los beneficios correspondientes a todo ese año no se verán afectados. Para los años posteriores a sus 65 años, no hay límites de ninguna clase.

PEn febrero solicité mis beneficios de jubilación porque deseaba retirarme de mi presente trabajo el primero de mayo. Cumpliré 64 años en junio. Me han dicho que debía solicitarlos al menos tres meses antes para comenzar a recibir los beneficios en mayo. Para mi gran sorpresa, he comenzado a recibir mi cheque en febrero y ahora me llegó otro en marzo.

¿Me penalizarán por esos beneficios aunque específicamente yo he aclarado que no me jubilaría hasta el primero de mayo y aún estoy trabajando? Estoy muy confundido a raíz de recibir estos cheques.

R Usted está recibiendo los beneficios antes de jubilarse porque sus ganancias anuales por los cuatro meses que ha trabajado en el 2002 deben ser menores que la suma anual exenta Debido a que usted se encuentra bajo la *Edad de Jubilación Completa*, la suma anual exenta es de $11,280. Para el año 2002, siempre y cuando sus ingresos anuales del año sean menores a esta suma, usted puede recibir beneficios por todos los meses del año durante el cual usted sea mayor de 62 años.

P He recibido la aprobación del Seguro Social donde se me informa los beneficios que recibiría si me retirara a los 62 años. Me gustaría saber cuánto recibiría si me retirase a los 55 años. Gracias.

R No hay ningún beneficio que se pueda cobrar hasta que una persona no tenga 62 años cumplidos. En todo caso, usted puede solicitar beneficios por incapacidad si está totalmente incapacitado y en caso de que usted falleciera, del mismo modo sus sobrevivientes pueden tener derecho a esos beneficios, pero no existe ningún beneficio que se pague a los 55 años de edad.

P ¿Acaso el sexo tiene alguna importancia en cuanto a los beneficios que se puedan recibir del Seguro Social o están basados totalmente en los ingresos obtenidos?

¿Hay alguna penalidad sí dos esposos, marido y mujer, están recibiendo Seguro Social porque ellos están casados, o las personas solteras tienen mejores beneficios?

R Ya no hay distinción de sexo en las leyes del Seguro Social aunque en un tiempo sí la hubo. La suma de beneficios por retiro se basa exclusivamente en la suma de los ingresos y en la edad del trabajador.

No hay ninguna penalidad para los esposos que reciben beneficios simultáneamente por estar casados. De hecho, le esposa (o esposo) puede cobrar un beneficio de la cuenta del cónyuge, si su antecedente de trabajo refleja que sus beneficios son menores. Si ambos esposos han obtenido ingresos en sus respectivas cuentas, los dos recibirán beneficios basados en sus respectivas ganancias. Pero si el beneficio de uno de los cónyuges es menor que la mitad del otro, para compensar, se le pagarán beneficios adicionales que aumentarán hasta la mitad de la suma del esposo que recibe mayores beneficios.

P ¿Cuánto dinero se puede ganar en un año si uno trabaja medio tiempo y recibe Seguro Social a los 62 años?

R No importa si usted trabaja medio tiempo o tiempo completo. Si está bajo la *Edad de Jubilación Completa* (generalmente a los 65 años de edad aunque esto va en aumento), por el año 2002 usted puede ganar hasta $11,280 sin que sus beneficios del Seguro Social se vean afectados. Si usted gana arriba de esa suma, perderá $1 en beneficios del Seguro Social por cada $2 dólares sobre la suma anual límite. Comenzando con el año en que usted cumpla 65 años (o Edad de Jubilación Completa), tendrá la posibilidad de ganar mucho más (durante el año 2002 el límite es de $30,000 por año) y si sus ingresos exceden esa suma, perderá $1 por cada $3 sobre el límite.)

P ¿A qué edad puede una persona comenzar a recibir el Seguro Social? ¿Es todavía a los 62 años de edad? Me parece que la suma que se recibe no será la misma que si una persona espera a cumplir 65 o 66 años de edad para comenzar a recibir sus beneficios, pero me interesa saber si aún puedo obtenerlos a la edad de 62 años. Le agradezco la información.

R Usted puede cobrarlos comenzando con el primer mes en que tenga los 62 años de edad durante todo el mes. Para la mayoría de las personas esto significa que el primer mes en que se tiene derecho a los beneficios será el mes siguiente al sexagésimo segundo (62) cumpleaños. Sin embargo, si usted ha nacido en el primer o segundo día del mes, se considerará que tiene 62 años durante todo el mes.

Bajo los nuevos cambios de la ley, la *Edad de Jubilación Completa* se ha incrementado. Para aquellos que nacieron en 1937 o antes, 65 es todavía la edad de *Edad de Jubilación Completa*. Si usted comienza sus beneficios a los 62 años, se le reducirán un 20%. Comenzando con aquellos que nacieron en 1938, la Edad de Jubilación Completa va aumentándose en dos meses de incremento por cada año subsiguiente. Por ejemplo, a una persona nacida en 1938 le corresponde su *Edad de Jubilación Completa* es a los 65 años y dos meses. Para alguien que haya nacido en 1940, le corresponde a los 65 años y seis meses de edad. Usted puede recibir sus beneficios a los 62 años, pero la reducción será mayor dado que tendrá muchos meses menos que la *Edad de Jubilación Completa*.

Para las personas nacidas desde 1943 a 1954, la *Edad de Jubilación Completa* es la de 66 años, y la reducción completa que se le efectúa a los 62 años será de un 25%. Para los nacidos en 1955 y posteriormente, la *Edad de Jubilación Completa* continuará aumentando de a dos meses por cada año hasta alcanzar los 67 años de edad para los nacidos en 1960 ó posteriormente. La reducción completa por edad a los 62 años para estas personas será de un 30% menos de los beneficios recibidos por jubilación completa.

P **¿Puedo solicitar y recibir los beneficios del Seguro Social y continuar trabajando tiempo completo cuando cumpla 65 años?**

R Sus ingresos en el año que usted alcance la *Edad de Jubilación Completa* (a los 65 años para aquellos nacidos antes de 1938 y que se va incrementando para aquellos nacidos posteriormente), afectarán sus beneficios del Seguro Social, pero solamente si esos ingresos exceden la suma anual exenta durante los meses anteriores en que usted alcance la *Edad de Jubilación Completa*. Esa suma para el 2002 es de $30,000. Si las ganancias durante esos meses exceden esa suma, entonces usted perderá $1 en beneficios por cada $3 sobre ese límite. Luego de un año de haber alcanzado la *Edad de Jubilación Completa*, sus ganancias no afectarán los beneficios de su Seguro Social. Usted puede seguir trabajando, ganar tanto como desee y seguir cobrando sus beneficios completos sin ninguna penalidad.

PTengo 53 años de edad y soy residente de Minnesota. ¿Cuál es fecha más temprana para que pueda comenzar a recibir beneficios del Seguro Social aún pagando penalidad?

RUsted puede cobrar su jubilación del Seguro Social comenzando con el primer mes en que usted tenga 62 años durante todo el mes.

✏**NOTA:** A menos que usted haya nacido en el primer o segundo día del mes, el primer mes en que le corresponde recibir beneficios será el mes posterior a su sexagésimo segundo (62) cumpleaños.

Para los propósitos del Seguro Social, usted alcanza su edad el día antes de su cumpleaños, así que aunque usted haya nacido en el segundo día de un mes, se le considera que tiene 62 años desde el día antes, y por lo tanto tiene 62 años de edad durante todo ese mes.

Si antes de eso usted queda totalmente incapacitado, puede obtener los beneficios del Seguro Social por incapacitación luego de cinco meses completos de incapacidad. Sin embargo, los beneficios por incapacidad se pagan sólo si usted está totalmente incapacitado o si se espera que su incapacidad le dure al menos un año.

PMi esposo nació en el año 1936. Actualmente está trabajando tiempo completo. En el 2001 sus ingresos alcanzaron la suma de $57,000. Para el 2002, muy probablemente sus ingresos serán similares. Él planea jubilarse en tres o cuatro años. Mi pregunta es: ¿Puede obtener su Seguro Social en este momento mientras está trabajando y continuar ganando ingresos a este nivel?

RSí, porque su esposo es mayor de 65 años. Sus ingresos no afectan sus beneficios de ninguna manera. Así que aunque él estuviera ganando una suma sustancial de dinero, igual podría recibir sus beneficios completos del Seguro Social sin ninguna reducción.

Usted, como su esposa, también puede recibir beneficios si tiene al menos 62 años, aunque si existen otros ingresos, pueden afectarle en el pago de sus beneficios. pero de cualquier modo, él puede solicitar inmediatamente la obtención de sus beneficios porque existen límites para la retroactividad de una solicitud. Para las personas mayores de 65 años, la solicitud *no puede tener más de seis meses de retroactividad.*

PCumpliré 65 años el 7 de octubre. ¿Cuándo puedo presentar la solicitud del Seguro Social? Estoy viviendo en Grecia.

RUsted debería presentar la solicitud inmediatamente ya que puede ser aceptada para obtener beneficios aunque todavía no haya cumplido los 65 años. Si sus ingresos del año 2002, por los meses anteriores a cumplir 65 años son menores de $30,000, puede recibir beneficios por cada mes este año. Sin embargo, quizás no pueda recibir beneficios por varios meses anteriores al mes en que presentó su solicitud. Le aconsejo que presente inmediatamente una declaración protectora de reclamo. Usted puede presentar su solicitud o una *declaración protectora de reclamo* en cualquier Oficina de Servicio Consular y Diplomático de los Estados Unidos en Grecia.

PMe voy a jubilar muy pronto y deseo saber cuánto puedo ganar por año además de mis cheques del Seguro Social.

RTodo depende de su edad. Si sobrepasa la *Edad de Jubilación Completa* (generalmente a la edad de 65 años pero aumentando en el caso de las personas que nacieron después del año 1937), entonces sus ingresos luego de los 65 no le afectarán a sus beneficios y podrá ganar tanto como desee. Para el año en que usted alcance la Edad de Jubilación Completa, solamente podrán contarse los ingresos de los meses anteriores al mes de *Edad de Jubilación Completa*. Para ese año, la suma exenta es de $30,000. Si las ganancias para esos meses son menores, entonces usted tendrá el derecho de recibir los beneficios completos del Seguro Social por todos los meses. Si las ganancias son mayores de esa suma, usted perderá $1 en beneficios de Seguro Social por cada $3 sobre ese límite. Si este año usted fuera a alcanzar la *Edad de Jubilación Completa*, entonces se le aplicará la menor suma anual exenta.

Para el año 2002, esta cantidad es de $11,280 por año, y usted perderá $1 en beneficios por cada $2 obtenidos en ingresos mayores del límite (no $3 como es en el caso de aquellos de *Edad de Jubilación Completa*).

P He presentado mi solicitud para el Seguro Social, el cual comienza en junio. Continuaré trabajando y necesito saber cuánto puedo ganar y cuánto se calcula para una persona que trabaja por cuenta propia. Recibo ingresos brutos entre $20,000 y $30,000, pero luego de mis gastos no me queda tanto. ¿Podría decirme cómo se calcula lo que puedo ganar aparte de utilizar mi devolución de impuestos? ¿Si reclamo mis gastos de negocios este año, empeoraría o mejoraría mi situación?

R Las reglas del Seguro Social por ingresos difieren dependiendo si usted alcanza o no la *Edad de Jubilación Completa* (65 o más) este año. Si ésta es su situación este año (2002), entonces se le está permitido ganar hasta $30,000 dólares que no le afectarían para nada sus beneficios de Seguro Social. Si no alcanza la *Edad de Jubilación Completa*, entonces a usted sólo le corresponde ganar $11,280 por año antes de que sus beneficios se vean afectados. Si sus ingresos son mayores que esta suma anual exenta, entonces usted perderá $1 por cada $2 sobre el límite si usted no tiene la Edad de Jubilación Completa este año. Y si usted está en *Edad de Jubilación Completa*, entonces usted perdería $1 por cada $3 sobre el límite de $30,000.

✏**NOTA:** Solamente se cuentan los ingresos de los meses anteriores a cumplir la *Edad de Jubilación Completa*.

La *Edad de Jubilación Completa* era a los 65 años y aún es para los nacidos en 1937 o antes. Para los que nacieron después de 1937, la *Edad de Jubilación Completa* gradualmente va aumentando en incrementos. Para los nacidos entre 1938 y 1942 cada año la edad va en aumento en incrementos de dos meses; 65 años

y dos meses, 65 años y cuatro meses, etc. Para las personas nacidas de 1943 a 1954 la edad es a los 66 años y va aumentando otra
vez para aquellos nacidos posteriormente llegando eventualmente
hasta los 67. En su caso, puesto que usted dice que comenzará a
recibir los beneficios de Seguro Social en junio, yo asumo que
usted tendrá 62 años en esa fecha. Sus ingresos anuales por todo
el año son los ingresos que usualmente se usan para calcular las
deducciones de sus beneficios—ambos ingresos antes y después
de su retiro.

Debido a que usted es un trabajador independiente, hay algunas consideraciones especiales que deben tenerse en cuenta.
Ante todo, el Seguro Social generalmente no se fiará de su pal-
abra cuando se trate de declarar la cantidad de sus ingresos,
porque usted está en una posición de control sobre lo que está
declarando. Le pedirán una explicación completa acerca del por
qué sus ganancias son menores de lo que eran anteriormente.
Querrán saber si usted ha dejado algunos negocios, o si ha con-
tratado a otras personas para que realicen obligaciones que eran
suyas. Desearán saber específicamente qué es lo que usted hace,
tanto antes como después de su jubilación. Es muy importante
prepararse cuidadosamente para esa primera entrevista.

Usted debería deducir sus gastos de su ingreso bruto para
calcular el neto. Los impuestos sobre los ingresos se pagan
solamente sobre el neto de los ingresos. El Seguro Social utilizará
su devolución de impuestos como el punto inicial para determinar
sus ingresos netos como empleador autónomo, pero no están
limitados a las cifras que usted reporta. Si esas cifras no tienen
sentido en vista de las circunstancias de su negocio, ellos pueden
determinar que sus ganancias son demasiado altas para permitirle
pagos de ningún beneficio.

Yo podría sugerirle que tenga sus papeles financieros en orden,
incluyendo la devolución de impuestos con las deducciones

apropiadas y que se prepare para verificar cualquier declaración que haga al Seguro Social con referencia a sus clientes, horarios, obligaciones, ingresos y gastos. El Seguro Social, en algunos casos, hasta le mandará a alguien a su negocio para verificar las declaraciones que haya efectuado.

Por ejemplo:

Si usted ha dicho que no trabajará tres días de la semana, ellos desearán saber qué días son los que no trabaja y le enviarán a alguien para comprobar, por ellos mismos, si usted se encuentra allí. Si descubren cualquier razón para dudar de alguna de sus declaraciones, pueden asumir que todas los reclamos que usted haya hecho son falsos y pueden no pagarle nada, así que es importante estar preparado para las verificaciones.❋

P He nacido el 27 de enero de 1939 y planeo retirarme el 1° de agosto de este año (2002). Para esa fecha (1/8), mis ingresos alcanzarán la suma de $35,000 por este año. ¿Me corresponderán beneficios?

R Usted tendrá derecho a sus beneficios a comienzos de agosto si sus ingresos mensuales en agosto y cada mes después de agosto son menores de $940 por mes. Estos se califican como meses fuera de servicios. Bajo las leyes del Seguro Social usted tiene el derecho de usar esos meses fuera de servicios por un año (este año se denomina *año de gracia*.) Bajo esta provisión de los meses fuera de servicios, usted puede recibir un beneficio mensual por cada mes, fuera de sus ingresos anuales correspondientes a ese año. En su caso particular, usted tendrá

62 años cumplidos en este año y, de acuerdo a lo antedicho, podrá recibir beneficios de jubilación del Seguro Social.

Sin embargo, es importante que vaya a la oficina del Seguro Social antes de agosto, ya que su solicitud para los beneficios de jubilación tendrá un límite de efecto retroactivo porque sus beneficios serán reducidos por la edad. Por lo tanto, si decide esperar hasta septiembre u octubre para solicitar la petición, puede llegar a perder muchos meses de beneficios.

Advertencia

Un método práctico general que podría aplicarse en su caso sería: solicitar sus beneficios al menos tres meses antes de su fecha de jubilación esperada.

Le debo advertir, sin embargo, que puesto que su fecha de retiro es el primero de agosto, ciertos pagos que usted recibe en conexión con su jubilación pueden contarse como salarios de *límite de ganancias* a partir de agosto y, por lo tanto, descalificarlo del pago mensual de agosto.

Si usted esperara recibir una gran cantidad en concepto de pagos en el momento de su jubilación, puede considerar hacer efectiva la fecha de jubilación el 31 de julio. Así evitará cualquier duda acerca de sus derechos por el mes de agosto. Si no puede cambiar su fecha de jubilación, entonces deberá observar cuidadosamente cualquier pago que pudiera recibir durante su jubilación. Algunos pagos que se reportan y son considerados sujetos a impuestos como los salarios del Seguro Social no se cuentan como parte de prueba de ingresos que se utilizan para determinar los beneficios del Seguro Social. Ese tipo de pagos incluye cierta gran cantidad fija de beneficios de jubilación, suma acumulada por licencia de enfermedad bajo el plan de pago por enfermedad, pago a plazos por trabajos realizados previamente y cosas por el estilo.

PCumpliré mis 63 años en agosto. ¿Cómo puedo saber cuáles serán mis beneficios si solicito el Seguro Social en mi próximo cumpleaños? Muchas gracias.

RNo es aconsejable que espere hasta su cumpleaños para solicitar el Seguro Social, especialmente cuando ya tiene más de 62 años Esto se debe a que si usted se encuentra en la *Edad de Jubilación Completa* no es posible que la solicitud de los beneficios del Seguro Social sea efectiva para beneficios retroactivos. Si sus ingresos para el año 2002 son de $11,280 o menores, entonces sus ganancias no afectarán para nada a los beneficios del Seguro Social y podría ser elegible para los beneficios mensuales desde enero. Sin embargo, si no solicita esos beneficios hasta agosto, perderá el valor de siete meses de beneficios porque su solicitud no tendrá ninguna retroactividad. Aunque usted ganara más de $11,280, perderá solamente $1 dólar de beneficios del Seguro Social por cada $2 de exceso de salario.

Por ejemplo:

Si usted ganara $20,000 anuales, sus ganancias estarían $8,720 sobre el límite, lo que requeriría una retención de beneficios del Seguro Social equivalente a $4,360. Si la suma mensual de sus beneficios es igual a una suma promedio ($874 para el año 2002), usted podría resultar potencialmente elegido por la suma de $6,118 en concepto de beneficios por los meses de enero a julio, pero solamente $4,360 deberían retenerse basado en sus ingresos. Esto le dejaría beneficios pagables de $1,758 por ese período. ❋

Sin embargo, para poder tomar ventaja de esto, su fecha efectiva de solicitud debería ser enero, así tendría el máximo número de meses en los que le podrán pagar sus beneficios. Si usted no presenta su solicitud hasta agosto, perderá todo ese dinero. Por lo tanto, lo mejor que se puede hacer es que, durante cualquier mes de enero en el que uno tiene más de 62 años, puede presentar una declaración de clasificación protectora ante una oficina local de la Administración del Seguro Social.

Esta declaración de clasificación protectora le asegurará su fecha de presentación. Al mismo tiempo, usted puede solicitar un estimado de sus beneficios. Si resulta que sus ingresos del año son menores del límite, o aún sobrepasan el límite que está permitido para el pago de beneficios—entonces usted estará protegido. Para que esto funcione y lo pueda aprovechar al máximo, debe tener el derecho a recibir beneficios desde un mes de enero. Cuando presenta una declaración de clasificación protectora no necesita presentar una solicitud, pero la declaración le protegerá su fecha de presentación en caso de que usted desee presentarla más tarde.

En su caso, me gustaría sugerirle que inmediatamente llame a la Administración del Seguro Social para pedirles que le protejan su día de presentación y al mismo tiempo pedirles un estimado de sus beneficios. No espere hasta que llegue su cumpleaños. Hágalo ya. Aunque no pueda lograr que sus beneficios lleguen al máximo para este año ya que ha perdido la oportunidad este enero, quizás aún pueda obtener algunos beneficios si actúa rápidamente.

PTengo 67 años de edad. He tomado $51,000 de mi IRA para pagar mi condominio. No he trabajado desde junio del 2000. ¿Cómo es posible que un artículo del periódico indique que no tengo que pagar impuesto sobre ninguna suma de mi Seguro Social, porque la ley que se aprobó en el 2000 dice que si una persona está entre los 65 y 67 años está en las mismas condiciones que si tuviera 70 años. Por lo tanto, dicha persona puede ganar tanto como desee sin cargos de impuestos sobre el Seguro Social? ¿Quién tiene razón? El año pasado tuve que pagar impuestos sobre la suma de más de $5,000 de mi Seguro Social. ¿Cuál es la verdadera ley? Me gustaría mucho que me hiciera un comentario acerca de esto. Le agradezco.

RUsted está mezclando conceptos. La provisión a la que usted se refiere tiene que ver con deducciones de trabajo de los beneficios del Seguro Social, no gravámenes de los beneficios del Seguro Social. Aquí va la explicación del funcionamiento. Lo que se llama *prueba de retiro* es una provisión que le requiere a un beneficiario perder los beneficios si los ingresos del año exceden un cierto límite anual. Los ingresos ganados en el año dependen de su edad. La suma de los beneficios que usted pierde por el excedente de los ingresos *también* depende de su edad. En una época era muy simple. Usted podría perder $1 en beneficios por cada $2 sobre la suma anual exenta. A través de los años se ha vuelto más complicado. Diferentes sumas anuales exentas se dispusieron para las personas que tuvieran 65 años o más y personas que tuvieran menos de 65 años. Luego la ley dispuso que las personas mayores de 72 (reducido a 70 hay actualmente a 65 años) pueden ganar tanto como deseen y no tener que perder los beneficios del Seguro Social. Esa es la ley que se ha aprobado en el año 2000—se ha reducido a 65 años de edad para la excepción del límite de ganancias.

Bajo la presente ley, si usted está en *Edad de Jubilación Completa* (actualmente es de 65 o más debido al nuevo ajuste de la ley), entonces sus ingresos no afectan sus beneficios del Seguro Social. Sin embargo, si usted recibe ingresos que están sujetos a impuestos, puede ser que tenga que pagar impuestos sobre esos ingresos aunque no sean considerados salarios para propósitos del Seguro Social. Adicionalmente, si su ingreso total, incluyendo por otra parte ingresos no imponibles, tales como los beneficios del Seguro Social (sólo una porción de 50% a 85%) y dividendos de bonos municipales que excedan ciertos límites, usted probablemente tenga que pagar impuestos sobre sus beneficios del Seguro Social.

En su caso, dado a que usted tiene 67 años, sus ingresos anuales no afectarán de ninguna manera en sus derechos a beneficios del Seguro Social. No habrá deducciones de esos beneficios mensuales no importando cuanto gana por año.

Por ejemplo:
Si el total de sus ingresos es entre los $25,000 y los $34,000, entonces el 50% de sus beneficios del Seguro Social es imponible (sujeto a impuestos.) Si su ingreso es mayor de $34,000, arriba del 85% de sus beneficios está sujeto a impuestos. ✽

✑**NOTA:** Estos son ingresos imponibles que se pagan al Servicio de Ingresos Internos (IRS) y no una deducción de sus beneficios de Seguro Social.

La distribución de IRA que usted ha tomado no debería tener ninguna consecuencia en los beneficios del Seguro Social y, por cierto, no debería estar sujeta a impuestos del Seguro Social sobre salarios. Sin embargo, para los fines del IRS, éste es un ingreso para usted. Quizás pueda resultar en que una porción de sus beneficios del Seguro Social esté sujeta a ser imponible por el IRS también.

PCumpliré 62 años en septiembre y planeo tramitar mi jubilación anticipadamente para esa fecha. Si continuara trabajando medio tiempo sé que se me permite tener ingresos de $11,280 en el 2002, sin tener ningún tipo de penalidad. Si mis ingresos son mayores que esa cantidad ¿Cómo y cuándo me descontarán dinero? ¿Acaso retienen cheques al comienzo del año o luego cuando alcanzo mi cuota? Le agradezco su ayuda.

RSu primer mes de ayuda social será octubre, a menos que haya nacido el primero o el 2 de septiembre. Actualmente existe un requisito que le exige que tenga 62 años "durante todo el mes" para poder recibir beneficios de jubilación. Se considerarán sus ingresos por el año completo. El exceso sobre la suma exenta compensará sus beneficios pagables del Seguro Social en una proporción de pérdida equivalente a $1 en beneficios del Seguro Social por cada $2 de salarios sobre el límite.

Por ejemplo:
Si sus ingresos son de $2,000 sobre el límite, usted perderá $1,000 en beneficios del Seguro Social. Sin embargo, puede tener la posibilidad de ser elegible por un *año de gracia*. Este es un año en el cual usted puede recibir beneficios en los meses en que sus ingresos son menores de $940 (por el año 2002—éste aumentará en años futuros). Si sus

ganancias para octubre, noviembre y diciembre son menores de este límite, entonces usted podrá recibir sus beneficios del seguro social sin tener en cuenta sus ingresos anuales. Si tiene ingresos sobre el límite, esos meses estarán sujetos a retenciones. ✻

Normalmente las *retenciones* de beneficios comienzan con el primer mes en el cual se pagan los beneficios. Retendrán el mes completo. Los beneficios de cada mes subsiguiente serán retenidos hasta que se cumpla con la suma necesaria. Hay una posibilidad en circunstancias muy limitadas en que las retenciones se proratean sobre los beneficios anuales, en lugar de que se retenga todo de una vez al principio. En su caso particular, sus ingresos por el año anterior en que cumpla sus 62 años de edad, serán incluidos calculando cuánto dinero de sus beneficios deberán retenerse.

P Volví a trabajar medio tiempo luego de haberme dedicado a criar a mis hijos por unos cuantos años. Mi última opción fue trabajar como maestra suplente. Me diagnosticaron cáncer de mamas y tuve que pasar por el tratamiento de quimioterapia, una mastectomía, más quimioterapia y luego radiación. También tengo cinco niños en mi casa y no puedo continuar trabajando. Mi pregunta es: ¿tengo derecho a recibir seguro social aunque haya trabajado sólo medio tiempo?

R Tan pronto como usted tenga cubiertos al menos 40 *trimestres* de empleo, puede recibir los beneficios del Seguro Social a los 62 años. Si usted está totalmente incapacitada, puede tener derecho a recibir beneficios por incapacidad, pero sus antecedentes laborales deben tener 20 *trimestres* de cobertura dentro de los 40 trimestres del calendario inmediatamente anterior al comienzo de su incapacidad. No interesa que usted haya sido trabajadora a medio tiempo, aunque la suma de sus beneficios se verá afectada por la suma de sus ingresos. Tan pronto como usted reúna la cantidad de trimestres requeridos, tendrá derecho a recibir algún beneficio.

R **Pienso jubilarme, pero estoy preocupado. Si deseo retirarme el primero de septiembre del 2002 y actualmente estoy ganando $3,000 por mes, ¿esto podría perjudicarme en los ingresos del 2002?**

R Sí. Sus ingresos durante el año cuentan para el *requisito de límite de ganancias*. Por lo tanto, si se retira el primero de septiembre y sus ingresos por ese mes son menores de $940, entonces usted puede recibir un beneficio del Seguro Social por cada mes en que sus ingresos sean menores que el límite. Sólo puede hacer esto en un año (a este año se le denomina el año de gracia).

P **Si una persona ha nacido en marzo de 1941 ¿cuándo recibirá su primer beneficio del Seguro Social? ¿Cuándo podría solicitar su Seguro Social una persona nacida en 1941?**

REl primer mes con derecho al programa de ayuda en concepto de beneficios por jubilación debería ser el primer mes en que usted tenga 62 años por el mes completo. Si su cumpleaños en marzo no cae el primero o el segundo día del mes, entonces usted no tendrá derecho hasta abril del año en que usted haya cumplido los 62 años, en su caso, el 2003. Debería acercarse a la Administración del Seguro Social más cercana y presentar su solicitud tres meses antes de cumplir los 62 años.

PNos dijeron que cuando una persona tiene más de setenta años, sus ingresos no deberían ser reducidos a efectos de recibir beneficios del Seguro Social. En otras palabras, el Seguro Social recibido no está sujeto a impuestos y no se suma al ingreso bruto.

RUsted está confundiendo conceptos. Anteriormente, la ley establecía que las ganancias recibidas después de los setenta años no reducirían los beneficios del Seguro Social. Actualmente es a los 65 años, o más precisamente a la *Edad de Jubilación Completa* la cual va en aumento para los que hayan nacido después de 1937. Para los que están en Edad de Jubilación Completa, los ingresos afectan a los beneficios de Seguro Social, no al revés. Un beneficiario pierde $1 en beneficios del Seguro Social por una porción de ganancias en exceso del límite anual. Los beneficios del Seguro Social, sin embargo, aún pueden estar sujetos a "impuestos sobre los ingresos" si el *ingreso bruto* de un individuo es mayor que la suma aplicable ($25,000 por persona, $32,000 por una pareja).

PCumpliré 65 años este año y tengo dos niños menores, de 12 y 16 años de edad. ¿Aumentarán los pagos del Seguro Social porque tengo dos niños menores?

RSí. Usted recibirá beneficios en representación de sus hijos por ser menores. La suma de beneficios por cada niño será de 50% de la suma primaria u original de su seguro. Cada beneficio para niño estará sujeto a un *máximo para la familia* que limitará el total de beneficios pagables en su propia cuenta a aproximadamente 150% a 175% de la suma original del seguro, dependiendo de la suma de beneficios. Los beneficios que usted reciba en representación de sus niños no son pagos para usted sino que deben ser usados en beneficio de los niños. Si ellos viven con usted, por supuesto que puede utilizar esos fondos a los gastos generales de la casa.

PMi suegro trabajó por pocos años y dejó de trabajar durante la década de los 1980. Actualmente tiene sesenta años. ¿Todavía tiene derecho al programa de ayuda del Seguro Social por los años que ha trabajado?

RProbablemente no. Tiene que haber ganado al menos 40 trimestres de cobertura para obtener beneficios de Seguro Social. Esto sería 10 años aunque no tienen que ser consecutivos. O sea que es un cuarto (un trimestre) del año calendario. Si él tuviera los 40 trimestres distribuidos en diferentes fechas sería elegible, no lo será hasta que cumpla los 62 años.

P¿Cuándo debo dejar de pagar impuestos por ingresos sobre Seguro Social? ¿Existe algún límite máximo de edad en la cual yo pueda ganar tanto como desee sin tener que pagar impuestos por ingresos de Seguro Social? Le agradezco la información.

RNo hay una edad límite para dejar de ser responsable por pagar impuestos sobre sus beneficios. Los impuestos son pagables únicamente si sus ingresos exceden el mínimo aplicable, el cual varía dependiendo en el estado de su solicitud y la suma de sus ingresos. Puede que usted esté pensando en el límite de ingresos por los beneficios de jubilación. Luego de alcanzar la *Edad de Jubilación Completa*—previamente a los 65 años de edad, actualmente incrementándose cada dos meses—sus ingresos no causarán que se reduzcan sus retroacti. Usted siempre será responsable de sus impuestos sobre las retribuciones si éstas son mayores de los límites aplicables. Usted debe pagar impuestos sobre el Seguro Social e impuestos a los ingresos sobre sus salarios.

2.

Incapacidad

El programa de ayuda del Seguro Social está diseñado para reemplazar la pérdida de ingresos de un trabajador por razón de total incapacidad. Esos beneficios no tienen el propósito de facilitarse por períodos temporarios de incapacidad. Para que un trabajador pueda recibirlos debe estar totalmente incapacitado para comprometerse con un trabajo, aunque no sea el que realiza en forma habitual, y se debe esperar que la incapacidad dure al menos por un año o que termine en fallecimiento del individuo. La edad, educación y experiencia del trabajador se toma en cuenta para determinar si él o ella podrían obtener algún trabajo en otro campo diferente al que tenía.

Las siguientes preguntas consideran los detalles de este programa, incluyendo los temas del período de espera y los intentos fracasados de conseguir trabajo, la definición de incapacidad y la interacción con otros beneficios.

P¿Dónde puedo obtener información acerca de los beneficios por incapacidad? Ya estoy recibiendo Seguro Social. Tengo 65 años de edad y me han diagnosticado una condición médica que debilita mucho la salud. Le agradezco su atención.

R Usted no puede cobrar beneficios por incapacidad después de los 65 años de edad, porque la suma de beneficios por incapacidad es la misma que la que se recibe a los 65 años. En otras palabras, el beneficio por incapacidad es igual al beneficio completo de jubilación sin reducción, como si usted hubiera cumplido 65 años en el año en que quedó incapacitado. Así que aunque usted se encuentra incapacitado, no hay ningún beneficio adicional que se le deba pagar. No obstante, si su incapacidad comenzara anteriormente al año en que usted cumple los 65 años de edad, usted podría tener ciertas ventajas en la suma de sus beneficios debido a la forma en que se calculan los beneficios del Seguro Social.

Usted no dice cuándo ha quedado incapacitado, pero si esto ha ocurrido hace más de unos pocos años, es posible que usted pueda obtener algún beneficio. Además, los beneficios por incapacidad del Seguro Social no se reducen debido a la edad, aunque existe un período de cinco meses completos de espera antes de que las prestaciones (los beneficios) se paguen. La solicitud de beneficios por incapacidad puede ser considerada *retroactiva* en cuanto a los pagos hasta doce meses. Sin embargo, si usted ha quedado incapacitado aún antes, el pago de los beneficios puede ser recalculado basándose en el año en que comenzó la incapacidad, aunque éste sobrepase el período retroactivo de doce meses.

Mi consejo es que, antes que nada, determine cuando quedó incapacitado. Si fue antes de que cumpliera los 65 años de edad, es factible que pueda obtener algún beneficio iniciando una solicitud por incapacidad ahora. Si sucedió en el año en que usted cumplió 65 años o más tarde, entonces no habría mayores ventajas, a menos que el comienzo de la incapacidad haya ocurrido más de seis meses antes del mes en que usted cumpliera 65 años.

Si usted recibe beneficios de jubilación antes de cumplir los 65 años, esos beneficios se reducen *actuarialmente* (a través de cálculos) dependiendo de cuán joven era usted cuando recién comenzó a recibir sus beneficios de jubilación. No hay reducción actuarial para los beneficios por incapacidad; así que usted puede recibir un beneficio sin reducción si está basado en incapacidad por los meses anteriores a que cumpliera los 65 años de edad.

P **Me he jubilado a los 49 años con 30 años de servicio. Me han dicho que si no tengo un trabajo dentro de los cinco años previos a mis 62 (sexagésimo segundo) cumpleaños, si algo me pasara en relación con mi salud y necesitara beneficios de incapacidad, yo no podría tener derecho a ellos ya que no he trabajado al menos cinco años antes de cumplir los 62 años. ¿Qué hay de cierto en esto?**

R Los cinco años requeridos se aplican para el momento en que se ha incapacitado; no necesariamente en el momento en que usted cumple los 62 años. Para ser elegible a los beneficios por incapacidad del Seguro Social, recientemente hay un requisito de trabajo.

Además de tener que cumplir con el requisito de la cantidad de trimestres, los cuales pueden reunirse en cualquier momento de su vida laboral, adicionalmente debería haber trabajado durante 20 trimestres calendarios dentro del período de los 40 trimestres del calendario que inmediatamente siguen al comienzo de su incapacidad. Esto es lo que se denomina la *Regla 20/40*. También se puede expresar como la *Regla de los 5 años*, porque 20 trimestres son cinco años. El nombre de los cinco años es, en cierto modo, es aparente ya que los años no necesariamente son consecutivos. Van de trimestres, y se pueden expandir, pero debe haber 20 trimestres dentro del período de 40 trimestres antes del comienzo de la incapacidad.

Otra forma de contemplarlo es que usted estará cubierto por beneficios del Seguro Social por cinco años luego de su último trabajo estable. En su caso, debido a que ha trabajado en forma estable hasta la edad de 49 años, usted está cubierto por el programa de Seguro Social con propósitos de incapacidad hasta que los 54 años. Si queda incapacitado luego de esa fecha, quizás no califique para recibir Seguro Social por incapacidad. No obstante, si usted trabaja aunque sea medio tiempo y tiene cobertura de empleo por los trimestres siguientes, entonces usted será elegible para que le continúen los beneficios por incapacidad. Para obtener crédito del Seguro Social por un trimestre debe ganar $870 por cada trimestre.

P **Mi pregunta es ¿por qué es tan difícil obtener beneficios por incapacidad? Estoy sin trabajo desde hace un año y aún no tengo la seguridad de cómo obtener una respuesta. Me la han negado una vez, pedí una entrevista y nunca recibí una contestación. Los he llamado y me contestaron que nunca recibieron mis papeles. ¿Qué es incapacidad? Yo no puedo hacer mi trabajo normal. Quizás nunca pueda hacer trabajo pesado. Le agradecería que me explicara qué puedo hacer.**

R El requisito por incapacidad bajo el programa del Seguro Social es muy estricto. Usted debe estar permanente y totalmente incapacitado para realizar *cualquier* actividad de remuneración sustancial. Esto significa que aunque usted no pueda hacer su trabajo regular, no es considerado incapacitado si usted puede hacer algún otro trabajo. Cuando La Administración del Seguro Social evalúa su habilidad para hacer otro trabajo, ellos primeramente miran sus habilidades físicas para determinar qué tipo de tareas usted puede realizar. Luego ellos consideran su edad, su educación y su experiencia de trabajo para precisar si es que usted tiene o no experiencias que puedan transferirse a una nueva línea de trabajo, considerando cuáles son sus habilidades físicas en el presente.

Dado que son tan estrictos, la mayoría de los reclamos de beneficios por incapacidad son denegados en la primera solicitud. No obstante, es muy importante que usted continúe con un proceso de apelaciones, tantas veces como estas denegaciones sean revocadas.

El primer nivel de revisión luego de la denegación inicial es *reconsideración* y esto es básicamente la revisión del papeleo. Usted tiene sesenta días desde la fecha de denegación en la cual puede solicitar una reconsideración. En su caso particular, la Administración del Seguro Social dice que nunca ha recibido sus papeles, así que le sugeriría que vaya a la oficina más cercana y solicite presentar una petición tardía para reconsideración. Ellos pueden aceptar una petición tardía si se puede demostrar una *buena causa* o causa justificada por la demora. Si no se la aceptan, entonces usted debería presentar nuevamente su solicitud por incapacidad y pedirles una reconsideración si se la niegan nuevamente.

Luego de la reconsideración usted tiene el derecho a que se le conceda una audiencia con el Juez de la Administración Legal. Esta es su mejor oportunidad para revertir la denegación ya que tendrá la posibilidad de presentarse personalmente para demostrar evidencia y de tener un abogado que comparezca con usted.

Advertencia

Es muy importante que usted sí consiga un abogado para que le represente, especialmente a este nivel de audiencia.

Muchos abogados que manejan reclamos del Seguro Social le aceptarán su caso sobre una base de *contingencia*. Esto significa que usted no tendrá que pagar ningún honorario de abogado, a menos que gane. Si gana, el Seguro Social le retendrá un 25% de sus beneficios adeudados, pendientes a la aprobación de los honorarios de abogado. La Administración del Seguro Social debe aprobar la disposición de los honorarios.

Para obtener un abogado que se especialice en reclamos de Seguro Social le podría sugerir que se contactara con la Organización Nacional de Representantes de Demandantes del Seguro Social (The National Organization of Social Security Claimants' Representatives). El número es 800-431-2804. Esta organización estará en condiciones de conducirle en la dirección correcta para obtener un abogado competente. Mucha suerte.

P He comenzado a recibir cheques por incapacidad cuando tenía 57 años de edad. Actualmente tengo 60 años. Quiero saber si cuando cumpla mis 62 años tengo que hacer algo para continuar recibiendo mi cheque por incapacidad o simplemente recibiré un cheque normal, no por incapacidad después de los 62 años. ¿Acaso la suma de mi cheque cambiará a los 62 o los 65 años? Le agradezco su tiempo.

R No, usted no tiene que hacer nada. El cheque por incapacidad del Seguro Social continuará hasta que usted cumpla los 65 años. En ese momento éste se convertirá automáticamente en un beneficio de jubilación sin reducción. La suma del cheque será la misma.

✐NOTA: Cuando hablo de 65 años me refiero a la *Edad de Jubilación Completa*, la cual puede ser después de algunos meses o hasta un año después de que usted haya cumplido 65 años de edad, dependiendo de su fecha de nacimiento. De cualquier manera, sus beneficios quedarán iguales aún después de transferirse a la cuenta de jubilación.

P He pagado yo mismo un seguro por incapacidad y ahora estoy cobrándolo a la edad de 58 años. Me pagarán hasta que tenga 65 años. Necesito solicitar el Seguro Social por incapacidad, pero me preocupa un poco que el Seguro Social se niegue a pagarme si estoy recibiendo un seguro de una compañía de seguros privada y no estoy pagando impuestos sobre ese dinero. ¿Pagará la Administración del Seguro Social por incapacidad en el caso de ser aprobado sin una penalidad debido a tener otro seguro?

R Absolutamente sí. Cualquier otro ingreso, pensiones o beneficios que usted reciba, excepto la compensación de trabajadores, no afectarán a sus beneficios de Seguro Social por incapacidad. Únicamente los beneficios de compensación de trabajadores son equivalentes al Seguro Social por incapacidad. Su seguro privado por incapacidad no tendrá consecuencia alguna.

P Deseo cambiar mi plan de depósito directo a un banco diferente. ¿Necesito algún formulario para ese cambio? Por favor aconséjeme si debo ir a la oficina del Seguro Social para ese cambio. Gracias.

R La manera más fácil es ir al nuevo banco y decirles que desea que se cambien sus beneficios allí. Ellos tienen todos los formularios y con mucho gusto le harán el papeleo necesario para que su dinero sea depositado en ese banco. Alternativamente, usted puede dirigirse a la oficina del Seguro Social y pedir los formularios apropiados, pero le recomiendo que lo haga con el banco.

P A mi esposo le van a hacer una cirugía para sustituir las articulaciones en los pies debido a la artrosis. Sólo tiene 46 años y no recibe ningún beneficio pero estará sin trabajo por algún tiempo. ¿Hay alguna forma de que reciba ayuda del Seguro Social mientras está sin trabajo temporalmente?

R El programa de Seguro Social por incapacidad está diseñado para los casos de incapacidad total y permanente. Esto significa que se espera que la condición dure al menos un año. Si la condición de su esposo se espera que mejore dentro de los doce meses, no será elegible para recibir Seguro Social por incapacidad.

P ¿Cuánto dinero se le permite hacer a un individuo cuando está recibiendo ayuda del Seguro Social por incapacidad? Estoy recibiendo otro pago por incapacidad desde donde yo trabajo y el primero de mayo recibiré un 60% de mi salario. Mi Seguro Social comienza en junio. ¿Cuál es el límite sobre la suma que se está permitida recibir además de los pagos del Seguro Social? También ¿qué me puede decir acerca de la asistencia médica? No tengo ninguna. Muchas gracias.

R El único ingreso no ganado que afecte su Seguro Social por incapacidad es el beneficio de compensación de los traba- jadores. El pago que usted recibe de un largo plan por incapacidad o un plan de incapacidad de una compañía no afectará a sus ben- eficios de Seguro Social por incapacidad. Usted tendrá derecho a la cobertura de Asistencia Médica (Medicare) luego de 24 meses de haber recibido beneficios por incapacidad del Seguro Social.

(Medicare en EU es un programa del fondo de Seguro Social de asistencia médica para personas mayores de 65 años.)

P Estoy recibiendo beneficios por incapacidad y me gus- taría saber cuánto dinero puedo ganar mensualmente sin poner en peligro mi cheque del Seguro Social.

R Para el año 2002, usted puede ganar un promedio no mayor de $780 por mes. Si sus ingresos por un período de tiempo alcanzan un término medio menor que esta suma, sus ganancias no serán consideradas como una actividad de una remuneración substancial. Tales ganancias no tendrán efecto sobre su continuo derecho a recibir beneficios del Seguro Social.

✏**NOTA:** Esta suma aumentará en años futuros. Las sumas de incrementos no están aún determinadas, pero la Administración del Seguro Social las publica todos los años.

P Mi hermano ha estado recibiendo beneficios por incapacidad de Seguro Social por los últimos tres años. Él y su esposa están tramitando el divorcio y él está tratando de obtener $400 mensuales de ella. ¿Acaso esa suma le traerá consecuencias en los beneficios por incapacidad que recibe?

R Los ingresos no ganados no tienen efecto en el programa de ayuda por incapacidad del Seguro Social, excepto los beneficios de compensación de trabajadores.

P Hola. Espero que pueda ayudarme. Le estoy escribiendo en representación de mi madre que está muy enferma. Hace aproximadamente tres años le diagnosticaron fibromialgia y una enfermedad degenerativa de las articulaciones. También tuvo un ataque cardíaco alrededor de esa misma fecha y no ha podido trabajar por los últimos tres años debido a los severos dolores que la fibromalgia y la enfermedad degenerativa de las articulaciones le ocasionan.

Mi madre ha solicitado los beneficios por incapacidad y únicamente ha conseguido que se lo rechacen una y otra vez. En el mes de noviembre del año 2000 le diagnosticaron cáncer de mama. Por supuesto que tuvo cirugía y le encontraron ocho de los doce nódulos linfáticos también con cáncer. Ella volvió a solicitar beneficios por incapacidad y nuevamente se lo negaron. No lo comprendo.

Está yendo dos veces por mes a las sesiones de quimioterapia y debe hacerlo por un período de seis meses. En su primera sesión del tratamiento de quimioterapia el oncólogo le diagnostico diabetes. Luego de finalizar su tratamiento deberá continuar con radiaciones diarias por algunos meses más. El panel cree que ellos todavía piensan que ella puede trabajar. He visto a mi madre pasar por terribles dolores diariamente. Algunos días lo único que puede hacer es levantarse de la cama.

El panel de doctores nunca ha visto a mi mamá y no saben nada de los dolores por los que ella está pasando. Creo que ella ya está lista para rendirse. Vive absolutamente sin ningún ingreso y sólo confía en que los miembros de la familia la ayuden a pagar tales cosas como los servicios de gas, luz etc. Hemos contactado a un abogado y él le ha dicho que si no tuvo cirugía en la rodilla nunca podría obtener los beneficios. ¿Quién se supone que debe pagar esto? Por supuesto que esto fue antes de que le diagnosticaran cáncer y diabetes. Por favor, le agradecería me pudiera ayudar con cualquier información al respecto. En este momento estamos totalmente desesperados.

Lamentablemente la Administración del Seguro Social es muy estricta cuando se trata de hacer determinaciones sobre incapacidad. Es muy importante para usted contratar un abogado que tenga experiencia en reclamos de ayuda del Seguro Social por incapacidad. No sé de por vencido. Frecuentemente, los casos se ganan en una audiencia donde su madre tiene el derecho de comparecer en persona con testigos que puedan testificar en su representación. Pare ese entonces, ella tiene el derecho de ser representada por un abogado

Le sugeriría que se contacte con la Organización Nacional de Representantes de Reclamos del Seguro Social, la cual es una asociación jurídica de abogados que se especializan en Seguro Social. Tienen un número de tarifa gratis durante las horas de oficina del Este de los EU. Usted se puede comunicar llamando al 800-431-2804 y le referirán un abogado con experiencia en Seguro Social en el área donde vive. Mis mejores deseos para su madre.

P **Mi hermana ha sufrido una apoplejía (ataque de parálisis) en octubre del 2001. Tiene paralizado el lado derecho de su cuerpo y no puede hablar. Tiene 57 años de edad y está casada. ¿Puede retirar beneficios del Seguro Social debido a su incapacidad?**

R Ella solamente puede obtener beneficios por incapacidad si tiene la suficiente cantidad de trabajo en su propia cuenta de beneficios. Además de estar totalmente asegurada (teniendo 40 trimestres de cobertura), ella debe haber trabajado durante al menos 20 trimestres calendarios de los últimos 40 trimestres calendarios antes del comienzo de su incapacidad. Si ella no reúne este requisito de trabajo, entonces no puede recibir ningún beneficio del Seguro Social a menos que sea viuda. En ese caso, podría recibir beneficios para viudas incapacitadas dado a que es mayor de 50 años. Caso contrario, tendrá que esperar hasta que tenga 62 años para cobrar como esposa de la cuenta de su esposo.

PMe he accidentado el 18 de septiembre del 2001, y no he podido volver a mi trabajo de tiempo completo. ¿Existe alguna completa incapacidad completa o parcial disponible para estas circunstancias?

REl Seguro Social no provee nada parcial por incapacidad, pero sí provee beneficios por incapacidad a los trabajadores que se encuentran total y permanentemente incapacitados. *Totalmente incapacitado* significa que no está capacitado para realizar *ninguna* actividad de trabajo, considerando su edad, educación y experiencia de trabajo. A usted lo pueden descalificar para los beneficios por incapacidad aunque no pueda realizar su trabajo habitual, si existe algún otro trabajo que usted pueda realizar.

Además, la incapacidad se debe considerar de carácter permanente. Esto significa que se espera que dure al menos doce meses o que ocasione la muerte. Aparte de eso, hay un período de espera antes de que se pague cualquier beneficio por incapacidad. No se paga ningún beneficio durante los primeros cinco meses completos de la incapacidad aunque usted tuviera el derecho de percibirlos. En su caso, septiembre no se cuenta como un mes porque no es un mes completo de incapacidad.

Le recomendaría que se contacte con su oficina local de la Administración del Seguro Social para presentar una solicitud de incapacidad, si usted considera que reúne estos requisitos.

P¿Puede un beneficiado del programa de Incapacidad del Seguro Social (SSD (Social Security Disability)) ser miembro del consejo de una organización sin fines de lucro sin perder sus beneficios? **No se recibe salarios por esta participación y es una manera de hacer algo productivo en la vida en lugar de no hacer nada. Por favor aconséjeme. Le agradezco.**

R Sí, puede hacerlo. El programa de Incapacidad del Seguro Social (SSD) le paga mientras que usted esté incapacitado de realizar *actividad que reditúe una ganancia sustancial.* Bajo las reglas, si se gana menos de $780 por mes no es considerada sustancial, y por lo tanto no le afecta a sus derechos por incapacidad. No obstante, si su actividad es redituable por más de $780 dólares mensuales, aunque no le estén pagando, la Administración del Seguro Social puede determinar que usted no está incapacitado porque tiene la capacidad de trabajar. Si no le pagan, no es necesario reportarles qué es lo que hace con su tiempo. Esto solamente saldría a la luz si el Seguro Social desea revisar la continuidad de su elegibilidad.

P **Mi papá recibe ayuda del Seguro Social. Recientemente, lo han declarado legalmente ciego. ¿Aumentarán sus beneficios? Muchas gracias.**

R Siento mucho lo de su padre. Si tiene menos de 65 años puede solicitar beneficios por incapacidad sobre la base de la ceguera. Sus beneficios serán recalculados y pagados en una base irreducible. Si es mayor de 65 años, los beneficios no serán mayores. Los beneficios por incapacidad están disponibles solamente bajo los 65 años.

P Necesito solicitar beneficios por incapacidad del Seguro Social. ¿Puede decirme qué debo hacer y si lo puedo hacer por teléfono o a través de Internet? Muchas gracias.

R Usted no puede solicitar los beneficios por incapacidad en línea (on-line) tal como lo hace para obtener beneficios por jubilación. Algunas oficinas de distritos puden hacer arreglos para proporcionar entrevistas telefónicas. Debe dirigirse a su oficina local del Seguro Social y llevarles los nombres y direcciones de todos los doctores que lo están tratando. Además deberá entregarles los nombres y direcciones de todos los hospitales y facilidades donde le realizaron sus exámenes médicos. Deberá prepararse con los datos de su último trabajo; cuándo fue hospitalizado; cuándo le hicieron los exámenes médicos y cuándo fue la última vez que vio a cada doctor.

Le harán preguntas acerca de su última experiencia de trabajo, educación y sus actuales actividades físicas. Esperan respuestas muy detalladas para tener una idea de su capacidad funcional, los requisitos físicos de su ocupación y su habilidad para transferir sus destrezas a otras ocupaciones si usted ya no puede hacer su trabajo habitual. Deberá presentar su formulario W-2 del último año y su certificado de nacimiento. Si recibe compensación de trabajadores, deberá llevarles esa información también.

P A mi esposo le diagnosticaron la enfermedad de Alzheimer. ¿Se considera esto una incapacidad? Él tiene 69 años de edad. Si esto es una incapacidad ¿puede recibir un ingreso adicional?

R Siento mucho los problemas de salud de su esposo. Desdichadamente los beneficios de incapacidad no se pagan después de los 65 años, aunque la persona esté incapacitada.

P Mi doctor me ha hecho dejar mi trabajo y me dijo que solicitara beneficios por incapacidad. Tengo un plan pequeño de 401K (plan de jubilación privado) y quisiera saber si eso interferiría para calificar. Me han dicho que sí. Mi esposo también tiene el mismo plan de jubilación que yo.

R Sus pensiones tales como los ahorros y el plan de 401K no le afectan el derecho de obtener beneficios del Seguro Social; SSI (el programa de Seguridad de Ingreso Suplementario) es diferente, dado a que es un programa social de seguros que se basa en sus *contribuciones* al sistema (impuestos sobre salarios). Si usted reúne las *condiciones de seguro* requeridas para incapacidad y está *totalmente incapacitado* es posible que sea elegible. Definitivamente siga las instrucciones del doctor y presente cuanto antes la solicitud de beneficios por incapacidad.

Si le rechazan la primera solicitud, no se dé por vencido, ya que usted tiene el derecho a una reconsideración y luego a una audiencia. Frecuentemente los reclamos son denegados en la primera solicitud y la reconsideración es aprobada luego de la audiencia que tenga con el juez en persona con un abogado. Los abogados que toman casos del Seguro Social generalmente aceptan *honorarios condicionales*, lo cual significa que se le paga únicamente en el caso en que se gane el juicio.

Hay limitaciones en las cantidades de los pagos bajo el programa de Seguro de Ingreso Suplementario (SSI), los cuales provienen del programa de asistencia social de fondos federales para los incapacitados, ciegos y ancianos. Este programa también lo maneja la Administración del Seguro Social. Mucha gente se confunde porque los beneficios normales por incapacidad del Seguro Social se conocen como SSDI (el programa de Seguro de Incapacidad del Seguro Social).

P **Desde hace algún tiempo mi marido no ha podido trabajar debido a un impedimento por una enfermedad crónica rara. Tiene 42 años de edad. En agosto de 1999 empezó el largo proceso de solicitar beneficios por incapacidad. El 18 de diciembre de 1999 recibió una carta de la Administración del Seguro Social negándole prestaciones (beneficios). En este momento está iniciando el proceso de presentar una *reconsideración*. Hoy recibió una llamada del lugar donde trabajaba comunicándole que si no se presenta a trabajar hasta el 9 de febrero del 2000, le considerarán despedido. Ellos no tienen la obligación de mantenerle su trabajo por más de 12 meses. Aunque está muy enfermo, tiene que mantener a su familia; por lo tanto, se verá FORZADO a regresar y a cumplir sus funciones. ¿Es posible que la reconsideración continúe aún si él está forzado a regresar a trabajar? Le agradecería cualquier ayuda que usted me pudiera dar.**

R Sí. Siga con el procedimiento. En muchos casos se ha ganado en las últimas etapas de la apelación. El regreso al trabajo puede resultar sin éxito. Puede que el Seguro Social haga caso omiso si dura no más de tres meses; algunas veces hasta más tiempo en ciertas situaciones. Probablemente, él puede tener derecho a nueve meses de período de trabajo a prueba.

45

P Estoy recibiendo ayuda del Seguro Social por incapacidad a raíz de que padezco esclerosis múltiple. Me han ofrecido un trabajo de medio tiempo, pero necesito saber cuánto dinero más puedo ganar sin que tenga que perder mi ayuda del Seguro Social por incapacidad.

R Los ingresos que como empleado promedian en una cifra mayor a los $780 por mes, comúnmente demuestran que un individuo está realizando una actividad lucrativa sustancial y que los beneficios deberían ser interrumpidos. Si usted gana menos de esa suma mensualmente, sus ingresos no le afectará la continuidad de su derecho a ayuda social.

P Mi amigo presentó una demanda por incapacidad hace tres meses aproximadamente. Aún no tuvo respuesta si fue aprobado o no. ¿Existe algún período establecido en el que el Seguro Social deba contestar?

R Normalmente esto toma al menos unos tres meses. Muy a menudo las demandas por incapacidad son denegadas la primera vez, pero luego se ganan por recurso de apelación Consígase un abogado si se la niegan la primera vez.

✏**NOTA:** Aunque le hayan denegado su pedido, solicite una reconsideración y, si es necesario, una *audiencia*.

PMi esposa y yo tenemos una pregunta con la que quizás usted pueda ayudarnos. Mi esposa ha tenido dos mastectomías en un intervalo de cuatro años. Luego de la última cirugía ha sentido un dolor constante y está viendo a un sicólogo regularmente para que la ayude a manejar la parte emocional y el dolor físico. La Administración del Seguro Social le ha otorgado beneficios por incapacidad en octubre de 1998, *retroactivo* a abril de 1998. Utilizamos los servicios de un abogado especialista en el área. En ese momento le informaron que su caso sería revisado en febrero del 2000. Ella tiene dolores constantemente debido a la linfodema y no puede conducir por más de 30 minutos a la vez ni puede levantar nada que pese más de cinco libras. Tiene 57 años, es enfermera registrada y está cuestionándose si cuando le revean el caso podrá continuar con sus beneficios.

Me imagino que las preguntas que debo hacerle son las siguientes: ¿Deberíamos contratar a un abogado para la revisión si ésta fuera denegada y qué piensa usted acerca de las posibilidades de que ella pueda continuar recibiendo sus beneficios? ¿Tiene el derecho de apelar si se le negara? ¿Continuará recibiendo sus beneficios mientras el proceso de apelación se revisa? Cualquier sugerencia que usted tenga será altamente apreciada.

RLos beneficios de su esposa probablemente no serán reducidos a menos que recuperara su capacidad para trabajar de forma que pudiera obtener sumas lucrativas en el empleo. De la forma que usted ha descrito su capacidad física, no parece que pueda trabajar. Nunca le diría que no contrate los servicios de un abogado, pero sí le aconsejaría que se asegure que éste tenga bastante experiencia en esta rama de la ley.

Si se hiciera la decisión de suspender sus beneficios, tiene derecho a una *reconsideración* y a una *audiencia* ante un Juez de Leyes Administrativas, como así también a otros procesos de reclamo ante el Concejo de Apelación y posteriormente a una revisión de la Corte Federal. Si se determina la cesación de sus beneficios, puede solicitar que sus beneficios queden pendientes hasta el resultado final del proceso de apelación, pero esta continuación solamente se puede hacer en el ámbito de audiencia.

Advertencia

Usted debe solicitar la continuación de los beneficios dentro de los diez días después de la nota de cesación.

Si finalmente pierde en el proceso de apelación, usted posiblemente tenga que restituir el dinero, pero puede ser elegible por una exención de sobrepago.

P **Estoy recibiendo un cheque de ayuda del Seguro Social por incapacidad por la suma de $1,015 mensuales. Si deseo volver a trabajar ¿perderé mi cheque mensual por incapacidad?**

Si usted puede realizar una actividad lucrativa sustancial quizás sus beneficios por incapacidad finalicen, pero esto no sucede de inmediato. Entonces la primera pregunta es si usted realizará alguna *actividad lucrativa sustancial*. Bajo las normas del Seguro Social esto significa ganancias mayores de $780 por mes, como promedio de un período de trabajo. Esta cifra es aplicable para el año 2002, pero se incrementará en los años venideros. Si usted padece de ceguera la cifra es de $1,300 al mes.

Generalmente, cuando un beneficiario de ayuda por incapacidad trata de regresar a trabajar, se le concede un período de trabajo a prueba. *Un período de trabajo a prueba* es el tiempo durante el cual sus ganancias no se usarán para terminar su derecho a beneficios por incapacidad. Usted puede trabajar durante nueve meses antes de que el Seguro Social considere dar por terminado su beneficio por incapacidad. Un período de trabajo a prueba es cualquier mes en el cual usted recibe ingresos mayores de $560 al mes.

Advertencia

Después de un período de trabajo a prueba, el Seguro Social determinará si está realizando alguna actividad lucrativa substancial. Si es así, sus beneficios serán cesados tres meses después del mes en que el Seguro Social determine que usted ya no está incapacitado.

Conozco a un joven que recibe ayuda social por incapacidad por lo que él dice que es una lesión en la espalda. Él trabaja y cobra en efectivo todos los días. Tiene un negocio de cuidado de céspedes y jardinerías y aparentemente no tiene ningún problema de salud; sólo intenta vivir de los demás. ¡Yo también soy joven y pienso que eso no es justo! ¿Cómo puedo denunciarle? ¿Qué tipo de información se necesita para hacer eso? Le agradezco su tiempo.

REs muy frustrante ver que la gente pretenda engañar al sistema si, en efecto, ese es el caso. El Seguro Social le permite a los beneficiarios por incapacidad que lo intenten. Si sus ganancias son más bajas que cierto nivel, pueden continuar recibiendo sus beneficios por incapacidad aunque continúen con la actividad de trabajo. No obstante, también es cierto que mucha gente procura hacer trampas al no declarar sus ganancias a la Administración del Seguro Social y algunas veces a la IRS.

Usted puede denunciar a este individuo a la Administración del Seguro Social. Existen oficinas locales en todo el país y puede hacerlo en persona o por teléfono; el número de tarifa libre es 800-772-1213. También puede ubicar la oficina del Seguro Social más cercana mirando las páginas azules del directorio telefónico bajo "Gobierno de EU". Además puede preguntar en la oficina de correos local dónde hay una oficina del Seguro Social.

Si usted reporta a este individuo, debe tener su nombre completo y dirección. Si cree que está trabajando en un negocio, cualquier información que le provea al Seguro Social será verificada. Si les proporciona el nombre del negocio o de algún cliente, la Administración podrá contactarlos para determinar si él está legítimamente incapacitado o si está haciendo trampas.

PEn 1997 mi hijo tuvo un accidente y sufrió una lesión en el cerebro. Actualmente está recibiendo ayuda por incapacidad del Seguro Social. En el mes de octubre del 2000 empezó a trabajar en la biblioteca local como de empleado. Tuvo una entrenadora de trabajo, provista por la oficina de Rehabilitación Vocacional. De los nueve meses de trabajo en período de prueba, tuvo cinco meses en los cuales sus ingresos fueron mayores a los $700 permitidos. Su entrenadora estuvo adiestrándolo durante ese período. Pudo aprender sus nuevas tareas a través de repeticiones constantes, pues de esta manera es que él aprende su trabajo.

Cuando le redujeron sus horas de servicios a la entrenadora, las horas de trabajo de mi hijo también decrecieron, dado que no podía realizar su trabajo ni física ni mentalmente. Su energía es baja y tiene dificultades en mantener su concentración y enfocarse. Tiene muchos contratiempos para aprender algo nuevo. No puede retener nueva información y tiene pérdida de memoria por períodos cortos. Por los últimos nueve meses sus ingresos promedio fueron de $700 mensuales. Actualmente el Seguro Social desea suspender sus pagos debido al período de trabajo a prueba. Vivimos en Pennsylvania. Cualquier sugerencia que nos pueda facilitar será muy apreciada. Muchas gracias.

RLa suma mensual para determinar *actividad de ganancia substancial* se ha incrementado; para el año 2001 fue de $740 por mes y para el 2002 es de $780 mensuales. Si su hijo está ganando por debajo de esos niveles, no será considerado como que está realizando una actividad de ganancia substancial y posiblemente le reanudarán sus beneficios. Si sus ingresos alcanzan altos niveles, usted debería tratar de averiguar qué parte de la suma que le pagan realmente se subvenciona por consideraciones especiales de trabajo que le otorga su empleador.

Me ha mencionado que su hijo se encuentra inepto para realizar ningún trabajo sin un entrenador de trabajo. Obviamente aquí hay algún elemento de consideración especial que le facilitan si él continúa trabajando. El Seguro Social tiene la suficiente autoridad para determinar la suma actual de ingresos basada en el *valor* de sus servicios, en lugar del mismo cheque de pago, si hay una situación en la cual el empleador le otorga consideración especial a un empleado minusválido. Si pudiera establecer que él no está ganando completamente su pago y si también pudiera establecer que el valor de su pago luego de extraer el elemento de subsidio es menor que el límite de la actividad de ganancia sustancial, entonces podría continuar trabajando y recibiendo el Seguro Social por incapacidad. Si lo intenta y de todas maneras se determina que él está realizando una actividad de ganancia sustancial, usted debería presentar una petición de *reconsideración*. Si no tiene éxito, debería solicitar una *audiencia* ante el Juez de Jurisprudencia Administrativa.

Muchas veces las determinaciones hechas a niveles bajos son revertidas por los oficiales de audiencia. En la *audiencia* le permiten comparecer con su hijo. Él puede testificar. Del mismo modo, la entrenadora de trabajo o alguien del empleo también puede testificar. Mis mejores deseos.

P He solicitado ayuda del Seguro Social por incapacidad y me la han negado. Presenté una reconsideración y me la negaron otra vez. Ahora tengo que ir a una audiencia, la cual no tendrá lugar por al menos un tiempo, pero ¿cuáles son mis chances presentándome ante un juez?

R Sus posibilidades de obtener beneficios por incapacidad compareciendo ante un juez son muy buenas. Una vasta mayoría de solicitudes por incapacidad son denegadas en el nivel inicial de la solicitud, así como ocurre con el nivel de reconsideración. Sin embargo, un número significante de ellas se otorgan en las audiencias. En ese momento, tendrá el derecho de ser representado por un abogado y le sugeriría que contrate a uno. Puede dirigirse telefónicamente a la Organización Nacional de los Representantes de Demandas del Seguro Social al número de tarifa libre para encontrar a un abogado que se especialice en casos de Seguro Social por incapacidad. El número es 800-431-2804 y atienden durante los horarios de oficina de la zona Este de los EU.

P **Soy maestra y mi doctor me dijo que no debería trabajar por mi enfermedad y que puedo solicitar beneficios por incapacidad. Mi pregunta es: ¿tengo derecho a incapacidad como maestra de escuela del sistema público? Gracias por su gentil consideración.**

R Si su empleo está cubierto por el Seguro Social, posiblemente pueda tener derecho a los beneficios por incapacidad si reúne los requisitos médicos y de trabajo. No todos los empleados públicos están cubiertos por el Seguro Social. Si usted tiene deducciones en su cheque en concepto de Ley de Contribución del Seguro Social (FICA), está cubierta bajo el sistema del Seguro Social. Si su empleo no está cubierto por el Seguro Social, seguramente sus beneficios de empleo público le proveerán una pensión por incapacidad.

PHe presentado una demanda a la Administración del Seguro Social hace aproximadamente dos años y no he tenido noticias. Cuando llamo me informan que alguien revisará mi caso. Necesito ayuda. Estoy incapacitada y el estrés no es bueno para mi condición actual, la cual ha empeorado desde mi consulta con los médicos del Seguro Social. ¿Habrá alguien que me puede ayudar o pueda proveerme el nombre y el teléfono de cualquiera que pueda?

RA este punto ya le sugiero que se contacte con su senador o congresista (de EU) y le pida que interceda para revisar sus circunstancias a su favor. La decisión de su demanda ha tomado demasiado tiempo. Muchas veces un funcionario federal elegido puede ayudar para que su caso tenga la debida resolución final que necesita. Aunque la intervención de su congresista o senador no afectan la decisión, al menos sacaría su expediente de la pila de papeles en donde se encuentra demorado para colocarlo entre los primeros en ser atendidos. Usted debería contactar a su Senador (de los Estados Unidos) o su congresista inmediatamente para pedirle ayuda.

P¡Hola! Actualmente recibo beneficios del Seguro Social por incapacidad. Un amigo y yo fuimos al casino y gané $2.000 dólares. ¿Cómo debería pagar los impuestos sobre eso? No permití que descontaran los impuestos en ese momento. ¿Qué pasa con mis beneficios del Seguro Social? ¿Afecta mis beneficios este dinero?

RSus ganancias del casino no le afectarán sus beneficios del Seguro Social. Puede que usted no deba ningún dinero como impuestos sobre las ganancias si su ingreso total imponible es menor que el mínimo establecido por las leyes de impuestos. Le sugiero consultar con un contador o puede llamar a la IRS para obtener mayor información.

3.

Beneficios de Sobrevivente

En esta sección nos ocuparemos de uno de los programas del Seguro Social más importantes—los beneficios pagados a los supervivientes de trabajadores fallecidos. Generalmente, la viuda tiene derecho a recibir prestaciones para ella de la cuenta del esposo comenzando a la edad de 60 años o, en el caso de incapacidad total, tan joven como a los 50 años de edad. La cantidad de beneficio se reduce al 71% a la edad de 60 años o antes (en el caso de incapacidad).

A diferencia de los beneficios de las esposas o esposos, la viuda o viudo puede recibir beneficios en la cuenta de su cónyuge fallecido y luego cambiar a su propia cuenta, si él o ella tienen ingresos en sus propios registros de ingresos. De esta manera, el viudo o viuda puede recibir una suma de beneficios no deducibles a la edad de 65 años de una cuenta o de otra.

Los supervivientes, esposas divorciadas que han estado casadas por al menos diez años, también pueden cobrar beneficios como viuda de la cuenta del fallecido ex esposo; los hijos, incluyendo hijastros o hijastras del trabajador pueden recibir beneficios hasta los 18 años o 19 si todavía están en la escuela secundaria. Los beneficios para los hijos que están en la universidad han sido eliminados.

En este capítulo nosotros trataremos preguntas relacionadas con variados tipos de beneficios de supervivencia y la interacción con otros beneficios.

P Mi esposo, que estaba completamente incapacitado, falleció en marzo de 1996 a la edad de 46 años. ¿Me podría decir si tengo derecho a cualquiera de sus beneficios del Seguro Social? Siendo así ¿cómo debo hacer para solicitarlo? Caso contrario ¿por qué no?

R Como esposa superviviente, usted tiene derecho a recibir los beneficios de viuda a partir de los 60 años, si usted no se ha vuelto a casar antes de esa edad. Dichos beneficios se pagan también a los 50 años si está completamente incapacitada y no se ha vuelto a casar antes de los 50 años. Si usted tiene hijos menores de 16 años (o incapacitados) a su cuidado, puede tener derecho a recibir beneficios por ser una madre joven.

Para solicitar los beneficios le sugeriría que vaya a la oficina del Seguro Social tres meses antes de su esperada elegibilidad. En su caso, si usted no tiene hijos jóvenes y no están incapacitados, su primera elegibilidad sería a los sesenta años.

P Por favor dígame si uno es una mujer de 58 años de edad cuyo esposo comete suicidio a los 65 años, ¿sería posible que ella tuviera el derecho de recibir una pensión como viuda aunque él ya haya estado percibiendo una pensión? Me han dicho que no tendría derecho hasta que cumpla los sesenta y dos años. ¿Es verdad? Gracias por su ayuda.

R No, eso no es verdad Usted puede recibir los beneficios empezando a los 60 años. Si se encuentra totalmente incapacitada, puede recibirlos a los 50 años de edad. No importa que su esposo haya estado recibiendo Seguro Social—no hace ninguna diferencia.

P El 8 de septiembre del 2002 Cumpliré 65 años. Tenía planeado solicitar mis beneficios en julio. Ahora me estoy cuestionando si debo hacer la solicitud para empezar a recibir los beneficios de mi ex-esposo. Él falleció. Tengo intenciones de seguir trabajando en mi trabajo a tiempo completo si estoy físicamente capacitada. Estuvimos casados doce años, así que califico en ese aspecto; sé que los beneficios de la cuenta de mi esposo serán menores que los míos. ¿Es posible que pueda recibir de sus beneficios hasta que yo cumpla 65 años y recién después reciba los míos? (Por supuesto, no los dos al mismo tiempo) Tengo un hijo de 44 años que está mentalmente incapacitado y no puede trabajar. En este momento soy su único apoyo y realmente necesito un ingreso extra para pagar algunas deudas. No quiero poner en peligro mis propios beneficios, los cuales serían mayores de $1,000 mensuales. Deseo hacer las cosas correctamente. Por favor deme una idea de mis opciones.

R Le sugiero que vaya a la oficina del Seguro Social inmediatamente. Dado que usted cumplirá los 65 años de edad en el 2002, solamente sus ingresos por los meses de enero hasta agosto se tendrán en cuenta para la suma anual exenta. Si ésta es menor de $30,000, entonces usted será elegible para recibir los beneficios del Seguro Social por incapacidad por cada mes en el año 2002, siempre y cuando usted lo solicite. Puede solicitar los beneficios como esposa divorciada superviviente de la cuenta de su esposo y recibirlos en una base reducida antes de cumplir 65 años. Luego usted puede transferirlos a su propia cuenta a los 65 años sobre una base no reducida. Es importante que usted sepa la suma exacta de los beneficios en su cuenta y en la cuenta de él para poder determinar cuál sería la forma más conveniente para usted.

Le aconsejo que vaya a la Administración del Seguro Social inmediatamente y presente una *Declaración protectora de reclamos.* Solicite estimados de los beneficios en ambas cuentas así podrá comparar sus opciones. A diferencia de las esposas, las viudas tienen la opción de recibir beneficios en una de las cuentas y después pueden transferirlo a otra cuenta a la edad de 65 años. Para aprovechar esta ventaja, debe proteger la fecha de solicitación tan pronto como sea posible. Si su hijo quedó incapacitado antes de los 22 años, quizás pueda recibir beneficios en su cuenta o en la cuenta de su ex-esposo como hijo adulto incapacitado. También debería explorar esta posibilidad.

P El padre de mis hijos murió en un accidente cuando ellos tenían cinco y siete años de edad. Han estado recibiendo los beneficios de supervivientes. Actualmente mi hijo está en una escuela intermedia y estamos buscando universidades. He sabido que si ellos continúan su educación seguirán recibiendo beneficios de sobrevivientes y luego me enteré también que ya no es así. ¿Existe algún beneficio que

continúa o es permanente o hay alguna gestión para solicitar ayuda para la universidad debido a la muerte del padre?

R En un tiempo los beneficios del superviviente, en el caso de los hijos, alcanzaba hasta la edad de 22 años e incluía la universidad. Desde hace un tiempo atrás eso ha variado y ahora los hijos son elegibles para recibir beneficios como supervivientes sólo mientras están en la escuela secundaria cumpliendo horario completo, hasta los 19 años de edad.

Si un hijo(a) queda incapacitado antes de los 22 años, puede seguir recibiendo beneficios como hijo(a) adulto(a) incapacitado. Desdichadamente, el Seguro Social no tiene suministros para los hijos supervivientes mientras están en la universidad.

P Mi esposo falleció hace diecisiete meses a la edad de 66 años. En esa fecha envié mi certificado de matrimonio y recibí los beneficios por fallecimiento de $255, si es que recuerdo la suma correctamente. No me he vuelto a casar y pronto cumpliré 60 años. Recuerdo que hay algunos beneficios para viudas que comienzan a los 60 años siempre y cuando ella no se vuelva a casar. Si se me otorgara un cheque mensual cuando cumpla 62 años, ¿puedo solicitar el mío propio si la suma es mayor? ¿Por cuánto tiempo puedo recibir esta mensualidad como viuda? Gracias.

R Usted recuerda perfectamente—la suma global por beneficios es de $255. Usted es elegible para los beneficios de viuda a la edad de 60 años. Este beneficio será reducido porque usted está debajo de la *Edad de Jubilación Completa*. Recibirá el

71% de la suma del seguro primario de su esposo. Puede recibir beneficios como viuda por el resto de su vida.

Si también fuera elegible para recibir Seguro Social de su propia cuenta, usted puede cambiar el estatus (de viuda a jubilada) cuando resulte elegible. Lo más temprano que puede ser elegible para recibir beneficios por jubilación de su cuenta es a los 62 años. Tendrá la opción de usar la suya a los 62 años (si fuera de mayor importe) o esperar hasta los 65, que es cuando usted puede aprovechar su beneficio completo y sin reducción de su propia cuenta, el cual puede ser aún más grande. Es importante que usted se acerque hasta la oficina del Seguro Social para llenar la solicitud para los beneficios de viuda antes del mes en que cumpla los 60 años, a fin de que no pierda ningún beneficio.

P **Mis padres estaban separados cuando mi padre falleció. Él estaba recibiendo beneficios por incapacidad del Seguro Social en el momento de su muerte. ¿Podrá mi mamá recibir los beneficios de retiro del Seguro Social de mi padre y los propios cuando ella se jubile o recibirá el de mayor cantidad de los dos? ¿O será elegible solamente por el de ella?**

R Su madre es la viuda legal de su padre; por lo tanto, ella es elegible para recibir los beneficios de viuda cuando cumpla los 60 años. Si los beneficios de su propia cuenta fueran mayores a los 62 o 65 años, ella podría cambiar de estatus en ese momento y cobrar de su propia cuenta. No obstante, ella no recibirá beneficios dobles.

P Cuando el padre de mi hija falleció ¿debería ella haber sido notificada si era la que debía recibir su Seguro Social o sería posible que ella haya sido notificada por intermedio de su ex-esposa y mi hija nunca fue informada?

R Me siento un poco confundido por su pregunta. No estoy seguro a quién se refiere usted cuando dice "ella haya sido notificada por intermedio de su ex-esposa". Pero de todas maneras, es posible que el Seguro Social no tenga conocimiento de que su hija es potencialmente elegible sobre la cuenta de su difunto padre. Quienquiera que le haya notificado al Seguro Social de su fallecimiento puede no haberles informado que él era el padre de su hija.

Le sugeriría que se contacte con la Administración del Seguro Social usted misma para determinar si su hija es elegible para recibir beneficios de la cuenta de su padre. Si ella es menor de 18 años (o es estudiante que cumple horario completo en una escuela secundaria hasta los 19 años) o es una persona adulta incapacitada que ha quedado así desde antes de cumplir los 22 años, puede ser elegible para recibir los beneficios de la cuenta de su padre. Cuando se comunique con el Seguro Social, le ayudará si tiene a mano el número de seguro social del padre. Si no lo tiene, su nombre, el último domicilio, el empleador, la fecha de nacimiento y la fecha de defunción le permitirán ubicar su expediente.

P Estuve casada con mi ex–marido por diez años y dos meses. Él falleció hace cinco años a los 53 años de edad. Estuvimos divorciados por un término de más de veinte años.

Ni él ni yo nunca nos volvimos a casar. Actualmente, tengo 55 años de edad y he trabajado durante los últimos treinta años. ¿Podré ser elegible para los beneficios de "viuda de edad" de su Seguro Social y continuar trabajando?

Puesto a que usted estuvo casada por al menos diez años antes de divorciarse, estará en condiciones de recibir los beneficios para viudos a la edad de 60 años en la cuenta de su ex esposo. Sin embargo, sus ingresos en ese momento pueden afectar sus beneficios si exceden la suma anual exenta. Si esto sucede, usted perderá $1 de beneficios del Seguro Social por cada $2 sobre el límite. No sé cuál será la suma límite en cinco años ya que aumenta cada año. El límite actual para el 2002 para las personas que están por debajo de la *Edad de Jubilación Completa* es de $11,280 anuales. Usted puede ganar sobre ese límite y de todas maneras recibir algunos beneficios del Seguro Social, pero perderá $1 por cada $2 sobre el límite.

Es importante que usted proteja su fecha de presentación de solicitud tan pronto como el primer mes en que cumpla los 60 años, así podrá maximizar cualquier de los beneficios que le puedan pagar aunque tenga algún ingreso sobre el límite anual.

✎**NOTA:** Como viuda, puede recibir beneficios reducidos de viudos y luego cambiar el estatus a su propia cuenta a la edad de 62 o 65 años. Los beneficios de viuda, por supuesto, serán reducidos, pero la reducción de estos beneficios no causará ninguna deducción adicional en el beneficio o prestación de su propia cuenta.

Usted puede recibir los beneficios reducidos de viuda hasta la *Edad de Jubilación Completa* y luego cambiar a su propia cuenta sobre una base no reducible cuando alcance la *Edad de Jubilación Completa*.

✏**NOTA:** Para usted, porque ha nacido en 1946 su Edad de Jubilación Completa es a los 66 años de edad.

P ¡Hola! Mi padre ha fallecido y estuvo recibiendo ayuda del Seguro Social. ¿Hay algún beneficio por fallecimiento?

R Sí hay un beneficio de $255 que se paga por fallecimiento, pero se le otorga a la esposa sobreviviente. Si no hubiera ninguna esposa, pasa a los hijos quienes son elegibles para recibir *beneficios de sobrevivientes* en la cuenta de él. Estos beneficios se pagan a los hijos menores de 18 años o los hijos adultos incapacitados. Si no existe esposa o hijos elegibles no se pagará ningún beneficio.

P ¿Por favor podría explicarme un poco acerca de los *beneficios de sobrevivientes*? ¿Quién se considera elegible para recibir mis beneficios del Seguro Social en caso de que yo muera? No creía que cualquier persona podía reclamarlos, pero mi esposa ha escuchado otros rumores. Una amiga suya le dijo que estaba recibiendo beneficios de su difunto esposo ¿Es posible? Y cuál sería la suma de beneficios de su Seguro Social si ella fuera elegible para recibirlos. Gracias por su respuesta.

R El Seguro Social provee beneficios de supervivientes a:

➤Viudas de edad;

➤Viudas incapacitadas;

➤Madres jóvenes;

➤Ex esposas viudas supervivientes; e,

➤Hijos.

Para calificar como viuda de edad, la esposa sobreviviente debe tener al menos 60 años de edad. La suma de beneficios a esa edad es del 71% de los beneficios completos del trabajador. Si la viuda recibe el beneficio comenzando a la *Edad de Jubilación Completa*, entonces recibirá el 100% de los beneficios del difunto. Una viuda *incapacitada* tiene derecho a recibir beneficios si tiene al menos 50 años de edad y está totalmente incapacitada. La suma de sus beneficios es la misma que recibiría si tuviera 60 años de edad.

✏**NOTA:** Los beneficios de viudas también se pagan a los viudos.

También las madres jóvenes (y padres) tienen derecho a recibir los beneficios de viudos si son las viudas sobrevivientes y tienen un hijo del fallecido trabajador a su cuidado. El hijo debe ser menor de 16 años (o encontrarse incapacitado). Estos beneficios terminan cuando el hijo más joven cumple 16 años pero puede comenzar de nuevo cuando la viuda cumple los 60 años (o 50 si está totalmente incapacitada).

Las esposas divorciadas que estuvieron casadas por al menos diez años y no se han vuelto a casar antes de los 60 años de edad, también pueden recibir beneficios de viuda de sus ex-esposos. Los hijos(as) pueden recibir beneficios hasta los 18 años, pero si aún están en la escuela secundaria, los beneficios pueden continuar hasta la edad de 19 años. Si un estudiante cumple 19 años durante el año escolar, puede recibir beneficios hasta que termine el semestre en el cual cumplió los 19 años. También se les paga beneficios a los hijos(as) que quedan completamente incapacitados(as) antes de los 22 años mientras dure la incapacidad.

P **Soy trabajadora social y una de mis clientes está incapacitado, pero esto no está relacionado con mi pregunta. Ella estuvo casada durante once años con una persona de la cual se divorció luego de esos once años. Él se volvió a casar y luego falleció. Supuestamente cometió suicidio, aunque mi cliente no piensa que ese fue el caso. Ella tuvo dos hijos con este hombre y los hijos están recibiendo beneficios de supervivientes. ¿Acaso la madre—mi cliente—es también elegible para recibir beneficios de sobreviviente?**

R Sí, su cliente tiene derecho a los beneficios de madres como madre sobreviviente divorciada si al menos uno de los hijos es menor de 16 años y está bajo su cuidado. No hay requisito de 10 años de matrimonio para tener derecho a los *beneficios de las madres* supervivientes divorciadas siempre que no se haya vuelto a casar.

P **Estoy a punto de casarme con un hombre cuya esposa ha fallecido hace tres años. Él ha estado recibiendo Seguro Social para sus hijas desde ese momento. Pospuso nuestro matrimonio por temor que una vez que nos casáramos él**

perdiera los beneficios del Seguro Social para sus hijas. No recibe nada para él como esposo de la difunta. ¿Terminará el Seguro Social para sus hijas una vez que nos casemos? No tengo planes de adoptar a sus hijas.

R Las hijas tienen derecho debido al hecho de su parentesco con el trabajador fallecido y a sus edades. Continuarán recibiendo sus beneficios de supervivientes hasta que cumplan los 18 años (o 19 si aún están en la escuela secundaria). El nuevo casamiento de su padre no les afectará en absoluto a estos beneficios.

P Mi esposo falleció hace dos años. Tenía 62 años y estaba recibiendo pagos del Seguro Social por incapacidad. Actualmente tengo 35 años. Deseo saber si puedo recibir su Seguro Social. Si es así ¿qué necesito hacer?

R Para que la califiquen como viuda de la cuenta de su esposo usted debe tener 60 años, tener 50 y estar totalmente incapacitada, o tener un hijo de él menor de 16 años a su cuidado. Si usted se encuentra en alguna de esas categorías, debe dirigirse a la oficina del Seguro Social para solicitar esos beneficios. Necesitará su certificado de matrimonio, su certificado de nacimiento y los certificados de nacimiento de sus hijos si son menores.

PLuego de que mi esposo de veinte años falleció, me volví a casar. No recibí ningún beneficio del Seguro Social después de la muerte de mi esposo porque tenía un trabajo que me pagaba muy bien. Posteriormente me casé y luego de seis años me divorcié. ¿Es posible que pueda recibir beneficios de viuda si dejo de trabajar?

RSi usted tiene 60 años, puede recibir beneficios como viuda de la cuenta de su primer marido. Aunque usted se haya vuelto a casar, ese matrimonio se disolvió, así que en el momento de su actual solicitud usted no estará casada. En cambio, dado a que usted no estuvo casada con el segundo marido por al menos diez años, no estará capacitada a recibir los beneficios de la cuenta de él a la edad de 60 años.

PMe gustaría saber si soy elegible para recibir el Seguro Social de mi esposo a la edad de 60 años ya que soy viuda. ¿Cuándo tengo que solicitarlo? ¿Puedo recibirlo a los 60 y si me vuelvo a casar, ¿puedo seguir recibiendo esos beneficios?

RMientras su esposo haya tenido suficientes trimestres acreditados para el Seguro Social, usted podrá cobrar como su viuda cuando cumpla los 60 años. Si usted estuviera totalmente incapacitada, puede recibirlos después de los 50 años. Debería solicitar los beneficios tres meses antes de su sexagésimo (60) cumpleaños. Preséntese a la oficina del Seguro Social con su certificado de matrimonio, el certificado de defunción de su esposo y su certificado de nacimiento.

El nuevo casamiento a los 60 años o más tarde no le afectarán sus beneficios de viuda. Si se vuelve a casar antes de los 60, no tendrá ningún derecho.

PRecientemente, ha fallecido mi madre. Ella solamente trabajó cuatro o cinco años en su vida y estuvo recibiendo beneficios de cónyuge. ¿Algo de ese dinero le regresará a su condición anterior para mi padre?

RNo. Su madre ha recibido beneficios del registro de trabajo de su padre. Ella no calificaba para beneficios de su propia cuenta dado a que sólo trabajó por cuatro o cinco años. Asimismo, no hay beneficios de sobrevivientes pagables en su cuenta.

PMi pregunta es: He estado viuda por los últimos veintiocho años. Mi esposo estuvo en la Fuerza Aérea de los Estados Unidos cuando falleció. Estuvimos casados sólo por dieciocho meses antes de que se ahogara en un accidente. Desearía saber si soy elegible para los beneficios como esposa en mi retiro. Actualmente tengo 49 años de edad y continúo sin casarme.

RUsted potencialmente será elegible para los beneficios de viuda de la cuenta de su esposo. Puede recibir estos beneficios a la edad de 60 años, o si usted está totalmente incapacitada, al comienzo de sus 50 años. Si está trabajando en un empleo cubierto por el Seguro Social también será elegible para los beneficios de su propia cuenta si tiene acreditados suficiente cantidad de trimestres. Puede recibir los beneficios de viuda sobre la base reducida y luego cambiar el estatus a sus propios beneficios en una fecha posterior. Debe tener 62 años para poder cobrar de su propia cuenta.

PSoy madre soltera de 61 años de edad y abuela. Mi ex esposo falleció en noviembre. Siempre me dijo que yo recibiría su Seguro Social después de que falleciera. Estuvimos casados por quince años.

Me gustaría hacerle una pregunta (es un poco extraña) Mis padres están muertos. ¿Que pasa con todo el Seguro Social que ellos han pagado? ¿No es algo a lo que los hijos tienen derecho también? Solamente estoy curiosa. Gracias.

REn el presente usted tiene derecho a beneficios de esposa divorciada superviviente bajo la cuenta de su ex-esposo. Usted estuvo casada por mas de diez años y tiene más de sesenta años. Debería contactarse con la oficina del Seguro Social inmediatamente para solicitar esos beneficios.

Asumo que no está trabajando. Si lo está, sus ingresos pueden afectar a esos beneficios pagables si los mismos son sustanciales. De cualquier modo, debería consultar con el Seguro Social porque es posible recibir beneficios aunque sus ingresos sean un poco altos.

Su pregunta acerca de las contribuciones al Seguro Social de sus padres es una buena pregunta. El dinero que sus padres pagaron al sistema ha sido gastado hace tiempo en beneficios actuales. El Seguro Social no es como una cuenta de retiro o un pago especificado a intervalos fijos. Más bien es simplemente una transferencia de ingreso de los trabajadores a los jubilados, a las personas con incapacidades y a los sobrevivientes. Los impuestos descontados de los beneficios de su Seguro Social se pagan el mismo tiempo los beneficios a los beneficiarios del Seguro Social. No hay derechos para estos impuestos. Aunque la ley denomina a estos impuestos "contribuciones," son simplemente impuestos.

4.

Medicare

La Asistencia Médica (Medicare) es un programa de seguro médico, el cual no es precisamente un programa del Seguro Social ya que se suministra de fondos provenientes de impuestos separados.

Los impuestos se le deducen de sus cheques a los asalariados junto con los impuestos del Seguro Social. El Seguro Social administra el programa de Medicare en términos de elegibilidad para la cobertura, pero no administra los pagos de beneficios o prestaciones médicas directamente. Varias compañías médicas ubicadas alrededor del mundo están a cargo de eso. Medicare está generalmente disponible para los trabajadores de edad y sus familiares dependientes. También está disponible para trabajadores incapacitados que tienen derecho a los beneficios del Seguro Social por incapacidad por al menos veinticuatro meses.

El programa de Asistencia Médica provee pagos por los gastos de hospital de los enfermos admitidos después del primer día y por un 80% de los gastos médicos. Generalmente, no cubre prescripciones o medicinas. El programa cubre el cuidado de una enfermera especializada por un tiempo limitado después de un período de hospitalización, pero no cubre los casos que requieren un largo período de servicios.

Hay requisitos estrictos de lapsos de tiempo en los cuales un trabajador puede afiliarse al programa de Asistencia Médica. El período inicial de afiliación es el lapso de tiempo inmediato al sexagésimo quinto (65) cumpleaños. Después de eso, un beneficiario puede afil-

iarse, pagando un costo extra, durante el período general de afiliación, o sea la primera cuarta parte del año calendario de cualquier año. En casi todos los casos, no hay ningún cargo por seguro de hospitalización al beneficiario(Parte A). Hay un cargo mensual de $54 dólares por el seguro médico (Parte B).

Las siguientes preguntas y respuestas tienen que ver con cuestiones específicas acerca de la solicitud de Medicare, el costo de ésta, y cómo se determina la elegibilidad

P Hola. Soy de Miami, Florida. Mi suegra está viviendo con nosotros. Se divorció de su esposo después de treinta y cinco años de matrimonio. Tiene 65 años y no tienen ningún ingreso y ningún seguro médico. Le doy una casa y lo que necesite pero no sé si ella pueda obtener algún tipo de Asistencia Médica.

R Usted es muy buen yerno para proveerle a su suegra de una casa y de todo lo que necesite. Si lo desea, podría comprarle la cobertura del programa de salud para las personas mayores (Medicare), aunque ella nunca haya trabajado bajo el Seguro Social. Medicare tiene seguro de hospitalización (Parte A) y seguro médico (Parte B).

La mayoría de las personas son elegibles para Medicare Parte A que es un seguro sin prima, si ellos o sus cónyuges tienen 40 o más trimestres de crédito de empleo cubiertos. Sí su suegra o su esposo nunca contribuyeron al Seguro Social, no podrá ser elegible para esto. Si su ex esposo ha aportado al Seguro Social, entonces ella será elegible como ex esposa (de un contribuyente).

En el caso de que ni ella ni su ex esposo tengan los requisitos de empleo, entonces usted puede comprarle la cobertura de Medicare Parte A, por una prima de seguro mensual de $319. La prima de la Parte B para la porción del seguro médico es de $54 al mes.

La cobertura del programa de Medicare es muy buena, aunque tiene algunas deducciones. Adicionalmente, usted puede comprar un seguro suplementario de Asistencia Médica para cubrir las sumas deducibles y los elementos que Medicare no cubra.

Su suegra puede calificar para Medicaid si ella reuniese los requisitos de las leyes estatales para este programa. *Medicaid* es un programa de seguro de salud para los individuos de pocos ingresos y recursos limitados. Está suministrado económicamente con la mitad de fondos federales y la mitad de fondos estatales. Los estados establecen los requisitos de elegibilidad sujetos a limitaciones federales. Sin embargo, la cobertura de Medicaid es terrible porque vale la pena sólo para una porción de los honorarios médicos normales y muchos doctores y proveedores del cuidado de la salud se niegan a aceptarlo. Si desea considerar la cobertura de Medicaid para su suegra, debería contactarse con el Ministerio de Bienestar Social o Servicios Sociales o con una agencia de bienestar social local para mayor información.

P **Hola. Este año cumpliré 65 años y estoy absolutamente confundida sobre lo que tengo que pagar, cuándo lo tengo que hacer y cómo se hacen esos pagos. ¿Llegan automáticamente o debo hacer algo? Mi esposo, quien es más joven que yo, me ha incluido en su seguro y él continuará trabajando por al menos otros diez años. ¿Es igual necesario que**

pague una prima extra al seguro de Asistencia Médica o simplemente puedo depender del seguro de él? ¿No sería más ventajoso simplemente usar Medicare para que él no tenga que seguir pagando seguro para mí? Siento mucho tener tantas preguntas, le anticipé que estaba confundida. Gracias por tomarse el tiempo para ocuparse de mi problema.

R La primera pregunta está relacionada en si usted tiene o no suficientes ganancias en su propio registro de ingresos dentro del Seguro Social para calificar para prestaciones del seguro de jubilación. Si tiene *cuarenta trimestres* (40 créditos) de empleo cubiertos, entonces calificará para un beneficio mensual, al igual que para la Parte A y Parte B del programa de Medicare.

Si no tiene suficientes créditos en su propia cuenta, podrá calificar para Medicare a la edad de 65 años si su esposo tiene derecho a recibir la prestación del Seguro Social.

También será elegible para los *beneficios de esposa* cuando su esposo se jubile. Puede estar apta para recibir Medicare como su esposa cuando cumpla los 65 años aunque él no lo haya solicitado o no se haya jubilado, siempre que él tenga al menos 62 años. Su derecho a la ayuda social bajo esta provisión puede comenzar con el primer mes en el cual él cumpla los 62 años, aunque él no califique para los beneficios de jubilación en ese momento porque no tiene 62 años durante todo el mes completo. Usted puede calificar si él tiene el número de créditos de cobertura bajo el Seguro Social cuando él cumpla los 62 años.

Si su esposo aún no tiene 62 años o usted no tiene suficientes trimestres de cobertura que le permitan calificar para los beneficios de jubilación, todavía puede calificar para el programa de Medicare por una prima mensual adicional, tanto para el Seguro de Hospitalización como para el del Seguro de Cuidado Médico. Sin embargo, debido a que su esposo tiene un plan de salud que le cubre a usted, no necesita hacer eso porque el costo es realmente muy alto para la prima del Seguro de Hospitalización de Medicare.

Mientras esté cubierta bajo el programa de seguro médico de su marido, puede esperar hasta que él cumpla los 62 años antes de inscribirse a Medicare. No obstante, le sugeriría que vaya a la oficina del Seguro Social para solicitar sus beneficios y obtenga el récord de sus ingresos. Si usted tiene suficientes trimestres de cobertura, puede tener derecho a los beneficios por ser mayor de 62 años. Cuando vaya, lleve consigo su partida de nacimiento, y si su esposo tiene al menos 62 años también lleve su certificado de matrimonio y la partida de nacimiento de su esposo. Si usted está trabajando, además lleve su último formulario W-2. Buena Suerte.

P ¿Puede una persona jubilada antes de los 65 años estar capacitada para obtener el seguro de Medicare Parte A y B? Si es así, ¿cuál es el costo mensual de este seguro?

R Usted no puede calificar para Medicare hasta que no cumpla 65 años de edad a menos que esté totalmente inca-pacitada y esté recibiendo beneficios de incapacidad del Seguro Social por veinticuatro meses. Entonces puede obtener cobertura de Medicare en el vigésimo quinto mes de derecho de ayuda social por incapacidad. Si sufre una *enfermedad terminal de los riñones* también puede calificar para Medicare. Para los otros casos debe tener al menos 65 años para estar en condiciones de recibir prestaciones.

5.

Beneficios de Cónyuges

El Acta del Seguro Social determina que las esposas y esposos de trabajadores jubilados e incapacitados pueden recibir beneficios si tienen 62años de edad o si tienen hijos del trabajador a su cuidado. No hay estipulación para los beneficios de incapacidad para una esposa o esposo. Las viudas o viudos tienen derecho a recibir beneficios por incapacidad, de la cuenta del fallecido esposo(a), comenzando a los 50 años de edad, a diferencia de la provisión para esposas(os) de un trabajador asalariado activo (viviente).

Las esposas divorciadas que tienen la edad necesaria también pueden efectuar cobros de la cuenta de los ex-esposos siempre que hayan estado divorciados al menos por dos años. De hecho, el esposo asalariado puede continuar trabajando y la ex esposa puede, así y todo, efectuar cobros de la cuenta del ex. El pago de beneficios para una ex esposa no tiene ningún efecto en la provisión máxima para la familia, lo cual pone un límite sobre la suma total de beneficios que se puede pagar a cualquier familia.

Los beneficios de los esposos(as) se pagan a las(os) esposas(os) de los jubilados, como así también a las de los trabajadores incapacitados.

PMe gustaría saber si se me permitirá cobrar del Seguro Social de mi ex-esposo. Estuvimos casados trece años y tuvimos tres hijos. Yo me volví a casar (una vez) por un corto período de aproximadamente un año. ¿Puede esto interferir para que yo no sea elegible para retirar el reclamo de mi primer esposo cuando cumpla 63 años. Vivo en Ohio y mi segundo esposo no tiene ingresos, ha estado recibiendo beneficios por incapacidad por muchos años. Gracias.

RUsted está capacitada para recibir beneficios como esposa divorciada de la cuenta de su primer esposo siempre que usted no esté casada en el momento en que presenta la solicitud. Además, puede recibir los beneficios como ex-esposa a la edad de 62 años, no tiene que esperar a cumplir los 63 años. Lo que hace que el beneficio de ex esposa sea aún mejor que el beneficio de la esposa regular, es que el esposo no necesita estar retirado. Mientras él sea elegible, aunque no se haya jubilado o solicitado el Seguro Social, usted puede recibir beneficio de ex-esposa de la cuenta de él. Usted no puede recibir beneficios de la cuenta de su segundo esposo dado que no estuvieron casados por al menos diez años.

PA mi hermana que es viuda, acaban de adjudicarle beneficios por incapacidad de la cuenta del fallecido esposo retroactivo hasta los 58 años de edad. Todavía no tiene sesenta años. Está recibiendo el 71% del beneficio completo como si tuviera sesenta años de edad. Otros trabajadores incapacitados reciben el 100% de los beneficios cuando se jubilan a edad temprana dada su incapacidad. Me

parece un poco injusto que a ella sólo le corresponda el 71%. También la gente del Seguro Social le ha dicho que su beneficio nunca aumentará al 100% aún a los 65 años. Esto me parece aún más injusto y, en efecto, el manual de la propia agencia sugiere que el beneficio no se incremente al 100% a la edad de 65 años. ¿Es correcto que su beneficio se calcule ahora sólo al 71% y que aumente al 100% a los 65 años?

R Una viuda incapacitada tiene derecho a recibir beneficios de viuda antes de la edad normal de 60 años, siempre que esté totalmente incapacitada y tenga al menos 50 años. En ese caso, la suma de beneficios de viuda incapacitada es la misma que si tuviera sesenta años. A los sesenta, la viuda tiene derecho al 71% del beneficio completo del trabajador. Su hermana está cobrando el porcentaje correcto en este momento.

Usted dice que otros trabajadores incapacitados reciben el 100% cuando se jubilan antes de la edad por incapacidad. Esto es verdad cuando reciben beneficios en *su propio* registro de salario. Puede parecer injusto que una persona incapacitada viuda reciba sólo el 71% de los beneficios, pero así es como se diseñó la ley. La respuesta es cambiar la ley, si el Congreso tiene el deseo de hacerlo. Sin embargo, no es probable que cambie porque hay serias preocupaciones sobre la viabilidad a largo plazo del programa del Seguro Social y en este momento es muy difícil que pueda ocurrir algún incremento en los beneficios.

Es verdad que los beneficios de viuda nunca van a aumentar más del 71%, aún cuando su hermana cumpla los 65 años porque ella ya lo ha estado recibiendo así todo el tiempo. Esto aplica a todos los beneficiarios.

Usted menciona que el manual del Seguro Social sugiere que los beneficios incrementen hasta el 100% a los 65 años. Yo creo que usted está bajo la creencia de que existe la posibilidad de que ella pueda convertirlo en un beneficio en su propio record de trabajo a los 65 años de edad sin ninguna reducción por edad. Si ella ha trabajado y ha ganado dinero en su propia cuenta podría hacerlo si el beneficio fuera mayor, pero esto sólo corresponde cuando existen dos beneficios diferentes en juego, no solamente uno. Pareciera que el cálculo de beneficio es correcto y el beneficio de la viuda no incrementará a los 65 años.

PEstuve casada por el término de 25 años y me han dado una variedad de respuestas para esta pregunta. ¿Puedo recibir parte del Seguro Social de mi ex-esposo? Si es así ¿a qué edad lo puedo recibir para mí? Tengo 61 años y él tiene 74. ¿Qué pasa si me vuelvo a casar? Mi ex-esposo está totalmente incapacitado ¿acaso esta situación afecta a la respuesta?

RUsted puede recibir beneficios de ex esposa empezando a los 62 años. Sus beneficios como ex-esposa terminarán si usted se vuelve a casar, o a menos que usted se vuelva a casar con su ex esposo o que se case con un individuo que tiene cierto tipo de beneficios del Seguro Social incluyendo:

➤beneficio de viudo;

➤beneficio de padre;

➤beneficio de hijo adulto incapacitado;

➤beneficio de esposo divorciado; o,

➤beneficio de padres.

✏NOTA: Si usted se vuelve a casar con un individuo que tiene derecho al Seguro Social regular de jubilación o incapacidad, sus beneficios también terminarán. No importa que su ex-esposo esté incapacitado ahora.

P Vivo en el estado de Texas. Una amiga mía dice que recibió la mitad del Seguro Social de su esposo y él aún sigue obteniendo la suma completa de sus beneficios. Mi pregunta es ¿por qué no puedo recibir la mitad de los beneficios de mi esposo ya que éstos son que los míos?

R Usted podría recibir beneficios de la cuenta de su esposo si tiene al menos 62 años y si ha estado casada por lo menos por un año con el trabajador. Si usted tiene el derecho a beneficios de su propia cuenta, puede ser elegible para recibir la diferencia hasta la mitad de la suma de los beneficios completos sin reducción de la cuenta su esposo. Si no está recibiendo esos beneficios y tiene más de 62 años, le sugiero que se contacte con la oficina del Seguro Social inmediatamente para reclamar esos beneficios.

P Estuve casada por 33 años. Si me vuelvo a casar ¿podré continuar cobrando el Seguro Social de mi primer esposo?

R No me ha dicho como terminó su matrimonio, o si su primer esposo está vivo. Si fuera divorciada podría recibir los beneficios de la cuenta de él, porque estuvo casada por más de diez años. Si él está vivo, sus beneficios terminarán en el momento de su nuevo matrimonio. Si él está muerto, el volverse a casar después de los sesenta años no afectará los beneficios de la cuenta de él.

PEstuve casada un poco menos de once años con mi primer esposo. Me volví a casar cuatro años más tarde, pero me divorcié de mi segundo esposo antes de los dos años. Estuve sin casarme por un período de más de 20 años. Mi primer esposo se casó al poco tiempo de nuestro divorcio, y él y su esposa están jubilados ahora. Él y yo tenemos la misma edad. Cuando yo empiece a recibir Seguro Social a la edad de sesenta y cinco años ¿debo recibir de mis ingresos solamente o puedo recibir de los del esposo número uno? Estuve casada con él por el término requerido de diez años y él ha hecho mucho más dinero del que yo hice. O ¿no soy elegible para cobrar de su Seguro Social a causa de su nueva esposa o debido a que me volví a casar por un corto período de tiempo?

RUsted puede recibir los beneficios de la cuenta de su ex esposo, aunque él se volvió a casar y usted también lo hizo, porque su segundo matrimonio terminó. Para ser elegible como ex esposa, solamente debe estar sin casarse cuando presente la solicitud. Por supuesto que tiene que cumplir con los otros requisitos necesarios para obtener beneficios de esposa, tales como que él sea elegible y que los beneficios de su propia cuenta sean menores que la mitad de los de él. Como lo habrá notado, su matrimonio con un trabajador tuvo que durar al menos diez años, el cual es su caso. Por otra parte, no tiene que esperar a cumplir 65 años para cobrarlos. Puede hacerlo a la edad de 62 años si sus ingresos lo permiten, siempre que él tenga al menos esa edad (62 años).

P ¿Cuándo puede la ex esposa retirar el Seguro Social de la cuenta de su ex-esposo?¿Debería uno haber estado casada por cierto cantidad de años? ¿Hay algún límite de tiempo desde el divorcio hasta que se pueda cobrar? Si su ex-esposo previamente estuvo casado con niños, ¿es la única que puede cobrar los beneficios del Seguro Social?

R Una esposa divorciada que estuvo casada con el ex por al menos diez años *consecutivos* antes de que se finalizara el trámite divorcio (no se puede agregar años de un matrimonio anterior con el mismo esposo), puede cobrar beneficio de esposa divorciada a la edad de 62 años, si ella no está casada y la prestación en su propio récord de trabajo no es mayor.

✏NOTA: Aún si el ex esposo no se ha jubilado, la esposa puede recibir de la cuenta de él si él fuera elegible, digamos a los 62 años, con suficientes créditos de trabajo.

Usted debe estar divorciada al menos por dos años antes de presentar la solicitud para cobrar cuando el ex aún está trabajando. Los dos años que se requieren no son necesarios si el ex-esposo está retirado.

P He estado casada por veinte años antes de que mi esposo y yo nos divorciamos. Me volví a casar hace dos años. Cuando cumpla los 62 años, en dos años más ¿seré elegible para reclamar los beneficios del Seguro Social de mi anterior esposo? Gracias.

R No, Solamente como esposa, en la cuenta de su nuevo esposo.

P Tengo una pregunta para usted. Vivo en el estado de Idaho, y he estado viviendo con mi novio por diecisiete años. No estamos legalmente casados. Aunque Idaho ha tenido matrimonio consensual (casamiento por acuerdo y cohabitación) por años, recientemente la han desaprobado. Mi novio, que nunca estuvo casado legalmente, y yo hemos comprado juntos una casa, la cual está a nombre de los dos. Mi pregunta es: ¿si algo le pasara a él, soy elegible para recibir beneficios? Muchísimas gracias.

R Si en el estado donde vive la ley no reconoce su relación como matrimonio legal, tampoco lo hace el Seguro Social. Usted no se considerará elegible para ningún beneficio en la cuenta de él a menos que "ate el nudo" (del vínculo matrimonial). Si no es elegible para recibir los beneficios en su propio récord de trabajo, usted está en una posición en la que puede perder mucho dinero en beneficios del Seguro Social que, de otra manera, podría recibir como esposa legal o viuda.

En su caso, puede ser que su casamiento por acuerdo y cohabitación (matrimonio de hecho) sea válido porque Idaho reconoce tal matrimonio si se contrajo antes del 1 de enero del 96. Para que sea un matrimonio válido, ustedes deberían haber estado libres cuando el matrimonio empezó e intentar estar casados, caso contrario a solamente vivir juntos. Es muy difícil probar un matrimonio de hecho después de la muerte de uno de los cónyuges. Si esto le preocupa (tal como debería), ¿por qué no se casan en una ceremonia legal?

PMi padre falleció en 1983. En esa época, había una hermana que recibía beneficios porque era joven. Mi madre tiene ahora 57 años de edad. ¿Cuándo comenzará a recibir beneficios de superviviente?

RSu madre puede cobrar como viuda de edad a los 60 años, o quizás más pronto si está totalmente incapacitada.

PHola. He sido ama de casa por veintidós años de mis veinticuatro de matrimonio. He comenzado a preocuparme de los beneficios de mi Seguro Social porque no he pagado muchísimos de los trimestres (créditos). Estimaría que tengo solamente pagos por un valor de tres o cuatro años de trimestres. ¿Qué pasará con el Seguro Social cuando llegue el momento de mi jubilación? ¿Calificaré para el Seguro Social y Asistencia Médica (Medicare)? He escuchado que con los antecedentes laborales de mi esposo estoy cubierta, pero prefiero estar segura. Gracias por su atención a esta importante preocupación mía.

RNo se preocupe, porque usted tiene el derecho a los beneficios de esposa de la cuenta de su esposo. Dado a que usted está casada por más de diez años, estos beneficios están concedidos, es decir, se los otorgarán aunque se divorciara. Tiene el derecho a la mitad de la suma primaria del seguro de su esposo, la suma que él recibirá a la edad de 65 años. Si usted tiene menos de la *Edad de Jubilación Completa* cuando sea elegible, le reducirán el beneficio por cada mes antes de cumplir los 65 años. Para aquellos que han nacido en 1938 (1940 para las viudas) se le agregan dos meses extra, la *Edad de Jubilación Completa* (Full Retirement Age,) es a los 65 años y dos meses. La FRA aumenta cada año después de esto, de acuerdo a la planificación.

Usted tiene el derecho a los beneficios de esposa a la edad de 62 años, pero solamente si su esposo está recibiendo beneficios. Si él falleciera, usted sería elegible para beneficios de viuda comenzando a los 60 años de edad, pero nuevamente le recuerdo que esos beneficios son reducidos si tuviera menos de la *Edad de Jubilación Completa*. A diferencia de los beneficios de esposa, el beneficio de viuda no reducido es igual al beneficio completo de su esposo. Usted sería elegible a recibir beneficio de viuda incapacitada a la edad de 50 años, si se quedara totalmente incapacitada.

P Tengo derecho al Seguro Social de mi esposo. Alguien me dijo que se cuentan los últimos cinco años de sus ingresos. ¿Que pasa si él no presenta ningún antecedente laboral de los últimos cinco años, pero ha trabajado por los últimos 40 años? ¿Aún puedo recibir parte del beneficio de mi esposo?

R Sí, si por otra parte, usted es elegible. El Seguro Social elimina los cinco años de ingresos mínimos al calcular la suma de beneficio. Con tal de que el trabajador tenga al menos 40 trimestres de cobertura, (pueden estar dispersos; no tienen que ser consecutivos), él(ella) es elegible para recibir beneficios. Esto incluye ex-esposas y ex-esposos, si reúnen los otros requisitos, tales como estar casados por al menos 10 años antes del divorcio y no estar casado en este momento. Una vez que se ha establecido la elegibilidad, se computa la suma del beneficio y es allí cuando se eliminan los cinco años de bajos ingresos.

✏️NOTA: Hay diferentes normas para los beneficios por incapacidad.

P ¿Cómo puedo manejar esta situación? Tengo un esposo
por *matrimonio de hecho* que tiene ahora 58 años y yo
solamente 46 años de edad. Me estoy cuestionando qué es lo
que debemos hacer a medida que nos acercamos a nuestra
edad de jubilación. ¿Debo presentar algún formulario, cambiar mi nombre, etc.? Gracias

R Lo mejor sería efectuar una ceremonia matrimonial. En
muchos estados "Esposo por matrimonio de hecho" significa que no hay esposo. Las leyes de todos los estados han
abolido hace mucho tiempo los matrimonios de hecho, con
excepción de una docena de estados. El Seguro Social reconoce
el matrimonio de hecho solamente si el estado en el cual fue con-
traído reconoce tal casamiento.

Para que ese matrimonio sea válido en esos pocos estados que
lo reconocen, debe existir una verdadera intención, no sólo un
intento de vivir juntos hasta nuevo aviso, y las partes deben estar
libres para casarse. Un matrimonio anterior, si no se termina con-
forme con la ley, obstruirá un matrimonio de hecho. Puede resultar muy difícil probar un matrimonio de hecho, especialmente si
una de las partes fallece.

El simplemente *cohabitar con* (vivir con alguien) no le da
ningún derecho más que dolores de cabeza. El Seguro Social no
reconoce una simple relación de "vivir juntos" como válida para
los beneficios de esposas o viudas. Quizás debería oficializar su
matrimonio con los documentos apropiados.

P Si mi esposo falleciera, ¿tendría derecho a la suma completa de beneficios del Seguro Social que él recibe mientras está vivo, o solamente podré obtener mi prestación propia, la cual recibo ahora de mis propios ingresos? La suma que mi esposo recibe es de $300 más de lo que yo recibo. Gracias.

R Usted recibirá la suma que su esposo recibe, sujeta a posibles reducciones si usted es menor de 65 años.

P Hola. Cumplí 62 años el 7 de diciembre del 2001. Mis antecedentes de trabajo demuestran que he ganado más de 40 trimestres (créditos). Actualmente saco una jubilación del Servicio Civil Federal y del Ejército Estadounidense. No he solicitado Seguro Social ya que me han dicho que solamente podré recibir alrededor de un 50% dado que tengo mis otras dos jubilaciones federales ¿Es cierto esto?

Mi ex esposa (estuvimos casados catorce años) trabaja en General Motors y tiene más de 40 trimestres (créditos). Ninguno de los dos está casado. Cuando ella cumpla 62 años ¿puede retirar del Seguro Social sin que le reduzcan un 50% por mis otras jubilaciones federales? Cuando una persona recibe Seguro Social de la cuenta de su ex-esposo, ¿se le reducen los beneficios del Seguro Social al ex-esposo por eso? Gracias por su tiempo.

ROkay, esto encierra por lo menos tres preguntas, pero por ser veterano, se las autorizo en mi libro.

Comencemos con sus pensiones federales y militares. Esas pensiones no afectan sus beneficios de jubilación del Seguro Social. La única reducción será por la edad; le quitarán aproximadamente el 20% del beneficio completo si la recibe a los sesenta y dos años. Si su ex-esposa tiene una cantidad de seguro primaria (beneficio no reducido) lo suficientemente grande para que la mitad de esa suma sea mayor que su cantidad de seguro primaria, usted tendrá el derecho a recibir la diferencia entre la suya y la mitad de la de ella. Pero esa diferencia será reducida por edad si usted aún no tiene la *Edad de Jubilación Completa* cuando ella cumpla 62 años.

Las malas noticias son que dos tercios de su pensión del gobierno serán deducidos del beneficio de esposo. Si sobra algo (improbable), será agregado al beneficio suyo en su propia cuenta. Puede recibirlo aún si ella está trabajando y aunque se haya vuelto a casar. Su derecho sobre la cuenta de ella no afectarán los beneficios (de ella).

P**He estado casada con Robert por más de treinta años. Estoy incapacitada y separada, pero no legalmente. Necesito que él me ayude pero no lo hace. ¿Qué puedo hacer? Sé que él recibe su Seguro Social. Nos casamos en 1967 en Waukegan, Illinois, Lake County Courthouse. Yo tenía veinte años y él 21. Por favor ayúdeme.**

R En este momento, usted no parece ser elegible para ningún beneficio del Seguro Social. No se provee ningún beneficio de esposa incapacitada. A los 62 años usted será elegible para recibir beneficio de esposa, el cual será 50% de la suma primaria de seguro reducida por edad si usted no tiene *Edad de Jubilación Completa*. Dado que ha nacido en 1947, su *Edad de Jubilación Completa* será a los sesenta y seis años, así es que el beneficio de esposa le será reducido 30% a la edad de 62 años.

Si su esposo falleciera, usted sería elegible para recibir los beneficios de viuda a la edad de sesenta años. Si está totalmente incapacitada, sería elegible para los beneficios de viuda si tuviera al menos 50 años de edad—que usted los tiene.

La cantidad de prestaciones de viuda incapacitada que se pagan a los 60 años es igual a la cantidad de beneficio reducido de viuda a los 60 años—la cual es del 71% de la cantidad de seguro primaria. También le sugiero que se contacte con un abogado para averiguar si tiene el derecho legal como esposa a recibir apoyo y mantenimiento económico de su marido. Los mejores deseos para usted.

P **Somos ciudadanos de los Estados Unidos pero nuestra casa está en México. Mi pregunta es—¿se consideran los pagos del Seguro Social como *bienes de la sociedad conyugal* en caso de divorcio?**

R No, al menos por lo que determina la Administración del Seguro Social. Los beneficios del Seguro Social se pagan a cada individuo siempre que se cumplan los requisitos de elegibilidad. En el caso de un divorcio, el cónyuge divorciado tiene derecho a recibir beneficios de esposa o esposo divorciado considerando que haya estado casado(a) al menos diez años inmediatamente antes de que el divorcio se hubiera finalizado. Además, el cónyuge divorciado no debe haberse vuelto a casar, debe presentar una solicitud y cumplir con el requisito de la edad, la cual es de 62 años.

Advertencia

De hecho, un esposo divorciado tiene una ventaja sobre un esposo(a) casado(a) porque el divorciado puede recibir prestaciones, siempre y cuando el trabajador tenga los 62 años cumplidos, aún si (el trabajador) no se ha retirado todavía o ha solicitado el Seguro Social. No obstante, para aprovechar esta provisión, el esposo debe estar divorciado al menos por dos años continuos antes de calificar para esos beneficios independientes.

El nuevo casamiento de un cónyuge divorciado terminará el derecho a las prestaciones o beneficios a menos que el matrimonio sea con un individuo que tenga derechos a beneficios de superviviente, beneficios de hijo adulto incapacitado, beneficios de padres o beneficios de esposo divorciado. El estar casado con un beneficiario de jubilación regular del Seguro Social no califica.

PSi esperara hasta cumplir los sesenta y cinco años y algunos meses para jubilarme ¿disminuiría la suma que sacara de la cuenta de mi ex esposo porque él se retiró a los 62 años? Estuvimos casados treinta y un años.

RComo ex-esposa, no le reducirán su beneficio debido a la edad, si usted lo escoge a la *Edad de Jubilación Completa*, aunque su esposo haya recibido una jubilación reducida. La forma en que se calcula la jubilación es tomando primero la cantidad de seguro primario del esposo y dividirla en la mitad. Ese beneficio del 50% se le pagará a usted a la *Edad de Jubilación Completa*. Sólo es reducido si usted está por debajo de la *Edad de Jubilación Completa* cuando usted tenga el derecho a ello.

✏NOTA: Si usted tiene derecho a un beneficio de jubilación de su propia cuenta y la cantidad de seguro primaria es mayor que el 50% de la cantidad de seguro primaria de su esposo, usted no tendrá derecho a ningún beneficio como esposa o ex-esposa.

PMi esposa es diez años más joven que yo. Ella ha trabajado y pagado en su propia cuenta del Seguro Social por alrededor de once años, pero desde entonces se ha convertido en ama de casa y probablemente siga así. Cuando yo comience a sacar beneficios del Seguro Social por jubilación, ¿debe mi esposa comenzar a retirar jubilación al mismo tiempo o debe esperar a cumplir los sesenta y dos años de edad?

RDeberá esperar a cumplir los sesenta y dos años. En ese momento ella podrá ser elegible para los beneficios de su propio registro de ingresos, ya que usted ha dicho que ella trabajó al menos por once años, así que ella tendrá el número de trimestres (40) de cobertura requerido. La cantidad del beneficio de ella será calculada basada en una reducción si ella lo toma a los 62 años. Si la cantidad primaria del seguro de ella es menor que la mitad de la suma suya, ella será elegible para recibir una porción de la diferencia entre la suma completa que le corresponde a ella y la mitad de la suma completa suya. La diferencia también se reducirá ya que ella estará por debajo de la *Edad de Jubilación Completa* en ese momento. Ella podría ser elegible para recibir beneficios de viuda a la edad de sesenta años, si usted falleciera. También podría recibirlos si después de los cincuenta años ella quedara completamente incapacitada.

P **Me han dicho que como estuve casada quince años y tuve dos niños con mi ex esposo, tengo el derecho a recibir Seguro Social de él a cierta edad. Voy a cumplir los 55 años en el 2002 y él cumplirá 56. Estoy y he estado recibiendo beneficios por incapacidad y sin trabajo ya por más de cinco años. La mayor parte de mi vida matrimonial me he quedado en casa para criar a nuestros hijos. Así que lo que recibo ahora del Seguro Social por incapacidad y compensación de trabajo no es casi nada. ¿Qué es lo que debo hacer y cuándo lo determino, para ver cuáles son mis opciones en el futuro? Gracias.**

R Usted sería elegible para cobrar beneficios de esposa divorciada cuando cumpla los sesenta y dos años, aunque su esposo no se retire. La suma de este beneficio es la mitad de la cantidad de seguro primaria de él menos su cantidad primaria como beneficiaria del Seguro Social por incapacidad. La diferencia se reducirá aún más si lo toma a la edad de sesenta y dos años, debido a la edad de reducción. Si su ex-esposo falleciera, usted sería elegible para beneficio de viuda incapacitada en este momento si eso fuera mayor que su actual beneficio del Seguro Social por incapacidad. El beneficio de viuda incapacitada es del 71% de la cantidad de seguro primaria del fallecido trabajador.

Puesto que su ex esposo aún está vivo, no necesita hacer nada por ahora. Si se entera que él ha fallecido, inmediatamente debería solicitar los beneficios de viuda incapacitada o en el caso de que usted tuviera entonces 60 años, solicitar el beneficio regular de viuda. Usted tiene el derecho a la ayuda porque estuvo casada por más de diez años.

Si él no falleciera antes de que usted cumpla los 62 años de edad, entonces debería solicitar beneficios como una divorciada independiente con derechos. Tres meses antes de su sexagésimo segundo (62) cumpleaños, debería dirigirse a la oficina del Seguro Social con su certificado de matrimonio, el decreto de divorcio así como su certificado de nacimiento. Mis mejores deseos para usted.

P En nuestro último receso para tomar café, discutíamos el tema de los esposos divorciados que obtienen beneficios del Seguro Social de sus ex-esposos. ¿Cuáles son los requisitos? y ¿tiene la ex-esposa o ex-esposo que estar jubilada(o) y obteniendo Seguro Social para que el otro(a) ex-esposo pueda recibir Seguro Social? ¿Qué pasa con el Seguro Social de jubilación de la nueva esposa si la ex-esposa(o) retira del número de Seguro Social del ex-esposo(a)?

R Los esposos divorciados pueden tener derecho independientemente a los beneficios del Seguro Social como esposa(o) divorciada de la cuenta de su ex-esposo(a). Los cónyuges deben estar divorciados al menos dos años antes de presentar la solicitud. La ex-esposa(o) puede recibir beneficio comenzando a los sesenta y dos años de edad y podrá recibir la misma suma de beneficio que si fuera una esposa(o) casada (o). La suma que obtenga un ex-esposo(a) no afectará los beneficios del trabajador ni de cualquier otro familiar dependiente como ser la esposa o hijos(as) que reciban de la cuenta de él.

Para reclamar esos beneficios necesitará su certificado de matrimonio y su decreto de divorcio juntamente con su certificado de nacimiento.

✎NOTA: Si usted tiene ingresos en su propia cuenta, puede tener derecho a recibir esos beneficios. Si éstos son mayores que los beneficios de ex-esposa, solamente recibirán el beneficio de jubilación más alto en su cuenta.

Si sus propios beneficios son menores que el beneficio del ex-esposo(a), entonces usted recibirá la diferencia entre el beneficio de su cuenta y el que recibe como ex-esposa(o). Se le pagará todo en un solo cheque.

PDeseo saber si tengo derecho al Seguro Social de mi marido en caso de que nos divorciáramos y él se volviera a casar con otra persona luego de comenzar a obtener Seguro Social. Tengo entendido que ha solicitado el Seguro Social y está esperando su cheque. Hemos estado casados treinta y nueve años, pero él ha estado viviendo con otra persona y planea casarse con ella pronto. ¿Tengo derecho a esto? Y también ¿qué pasará cuando él muera, si fallece antes que yo? Le agradecería cualquier información que me pueda facilitar.

R Debido a que estuvo casada al menos por diez años, usted tendrá derecho a las prestaciones de viuda en el caso que su marido fallezca, si usted tiene al menos sesenta años de edad, o en el caso de estar totalmente incapacitada, cincuenta años. No me ha dicho cuándo se divorció. Para tener derecho a recibir los beneficios de ex-esposa ustedes deben estar divorciados por al menos dos años. Si éste fuera su caso, entonces usted tendría derecho a recibir como ex-esposa igual que si aún estuviera casada.

P Cumpliré 59 años este año igual que mi esposa. La pregunta es: Cuando yo alcance la edad de jubilación, ¿será mi esposa elegible para algunos beneficios debido a mi retiro? Me doy cuenta de que éste es un tema muy amplio. ¿Será ella elegible por algún porcentaje de los beneficios aunque no tenga 40 trimestres de ingresos? Básicamente, ha sido ama de casa. Si yo muero, ¿tendrá derechos a mis beneficios? Si así fuera, ¿qué beneficios y qué cantidades? ¿Tendrá derecho a Medicare o Medicaid cuando cumpla sesenta y cinco años? Gracias por la ayuda que me pueda brindar.

R Su esposa tendrá derecho a recibir beneficios de la cuenta suya como su esposa y, en el evento de su muerte, como viuda. La suma del beneficio como esposa es del 50% de la cantidad primaria de seguro. Si ella obtiene derecho a recibir ese beneficio antes de la *Edad de Jubilación Completa*, será reducido de acuerdo a la edad que ella tenga en el momento en que comience a recibirlos.

Si usted falleciera antes que ella, tendrá el derecho a recibir beneficios de viuda de su cuenta. La suma de estos beneficios será la misma que usted recibe mensualmente durante el resto de su vida. Ella tendrá el derecho a Asistencia Médica (Medicare) a la edad de sesenta y cinco años.

P ¿Me podría facilitar alguna información relacionada con los beneficios del Seguro Social de las esposas? Le explicaré mi situación: he estado viviendo con un hombre por treinta y cuatro años. Nunca nos hemos casado. Él estuvo casado antes, pero nunca se divorció de su primera esposa. Ella lo había abandonado cuando yo le conocí. Así es que durante todos estos años he estado con este hombre y él nunca se divorció. Deseo saber, puesto que ella lo abandonó pero está legalmente casada con él hasta la fecha, ¿tiene todavía todo el derecho a los beneficios del Seguro Social de él?

Este hombre con quien he estado viviendo decidió divorciarse, aunque a ella nunca le han podido encontrar. Ahora, cuando él se divorcie y decida casarse conmigo ¿cómo funcionarán los beneficios del Seguro Social de él cuando fallezca? ¿Tendrá ella derecho a la suma total de los beneficios o recibiré yo una suma parcial de ellos? ¿Cómo se aplicará eso? También he oído rumores de que es necesario estar casados diez años con el cónyuge para que éste(a) tenga derecho a los beneficios del Seguro Social en el momento del fallecimiento de uno de ellos. ¿Es verdad? Por favor ¿podría decirme algo acerca de esto?

R La esposa legal de su "amigo" tiene derecho a los beneficios del Seguro Social de él como esposa, y en el caso de que él muriera, como su viuda. Para que ella los pueda recibir, él debe tener derecho a beneficios del Seguro Social y ella debe tener al menos sesenta y dos años o tener un hijo de él a su cuidado. Si él se divorcia de ella, su ex-esposa puede tener derecho en la cuenta de él independientemente, aunque ella no esté jubilada, siempre que hayan estado divorciados por al menos dos años.

Debido a que estuvieron casados por más de diez años, ella podría calificar también como esposa sobreviviente divorciada en el caso de que él se divorciara de ella. Si no lo hiciera, ella tendría derecho en la cuenta de él como su viuda.

Si usted no está casada con él, no tendrá derecho *a nada* de la cuenta de él. Si él se divorcia y se casa con usted, tendrá derecho a los beneficios de viuda en el caso de que él falleciera, si están casados al menos nueve meses antes de que él fallezca, a menos que la muerte fuera accidental. Hay otras excepciones pero nueve meses es, en general, la regla de la *duración del matrimonio*. Si él se casa con usted, deben estar casados al menos por un año antes de que usted pueda presentar la solicitud de beneficios como su esposa, aunque hay algunas salvedades para esto también, tales como que tengan un hijo.

P Si soy mayor que mi esposo y empiezo a retirar dinero de mis propios ingresos, ¿podía retirar de su cuenta cuando él alcance la edad de jubilación si la suma fuera mayor de lo que yo obtenga en la mía?

R Sí. Sus beneficios serán calculados sobre la base de su edad en el momento en que usted tenga el derecho a retirar de la cuenta de él. No importa que usted sea mayor que él. Si el beneficio como esposa es mayor que el beneficio de su propia cuenta, usted puede cobrar la diferencia. Esto debería sumarse a la cantidad de pago y recibiría un cheque por los dos beneficios: la suma extra de la cuenta de él y su propio beneficio.

P Estimado señor: mi esposa se divorció de su ex esposo hace más de 10 años, pero ella nunca cambió su apellido por una negligencia de su parte. El viernes pasado la llevé a la oficina de la Administración del Seguro Social para solicitar el cambio de nombre y nos dijeron que ella tiene que tener un documento de identificación con su apellido original. Esto es un poco dificultoso dado al tiempo transcurrido y las circunstancias de su divorcio. Presentamos varias identificaciones que demuestran que su nombre ha sido cambiado. Estas identificaciones han sido expedidas por las siguientes autoridades:

➤ Licencia de conducir del estado de Florida, donde demuestra el nombre de soltera antes de su divorcio.

➤ Tarjeta de registro electoral expedida después del divorcio.

➤ Pasaporte de los Estados Unidos otorgado por el gobierno federal después del divorcio y

➤ Certificado de Matrimonio actual otorgado por el estado de Florida donde demuestra su nombre y apellido de soltera y su apellido actual.

Los funcionarios del Seguro Social siguen insistiendo que ella debe tener un documento de identidad que muestre su previo nombre y apellido de casada. Debe existir una mejor manera de hacer este trámite. Ella no tiene ningún documento de identidad con su apellido anterior y, dadas las circunstancias de su divorcio, no voy a pedirle al ex esposo que se lo provea, suponiendo que aún estuviera vivo.

R Le sugiero que trate de obtener una copia del decreto de divorcio que le identificará a ella con su nombre de casada y su nombre completo de soltera. Generalmete, el decreto de divorcio específicamente autorizará el uso del nombre de soltera y el decreto podrá identificar a su esposa con su nombre de casada de ese entonces. Si usted continúa teniendo problemas en la oficina del Seguro Social, aún presentando el decreto de divorcio, le aconsejo que hable con un supervisor de la oficina. Si esto fuera infructuoso, le sugiero que hable con su congresista y solicite la ayuda de ese oficial elegido. A menudo esto es muy efectivo.

P Tengo 63 años y planeo jubilarme en enero o febrero del 2004. Mi beneficio de jubilación del empleo estatal no será mayor de $1,800 por mes. Mi fallecido esposo se casó nuevamente pero entiendo que yo tengo derecho a sus beneficios. ¿Es esto correcto? y si lo fuera, ¿puedo tener una idea hasta dónde llegan?

Además, necesito saber si tengo dinero invertido, lo mantengo invertido y uso solamente el interés para agregarlo a mi jubilación ¿podrá eso poner obstáculos al dinero que yo tenga derecho a recibir de mí ex-esposo? Debido a la compensación o offset balanza, he escuchado diferentes opiniones y ya que la fecha se aproxima deseo hacer planes o al menos saber con qué me voy a encontrar. Muchas gracias.

R Usted tendrá derecho a recibir un beneficio de su fallecido ex esposo si estuvo casada con él al menos por diez años antes de divorciarse. La suma de ese beneficio depende de la cantidad primaria de seguro de él. Usted podrá recibir el 100% de la cantidad de seguro primaria si usted tiene la *Edad de Jubilación Completa*.

La compensación o offset balanza al cual usted se refiere es la pensión del gobierno. Esta pensión requiere una deducción de cualquiera de los beneficios del Seguro Social que usted pueda recibir como viuda. La suma de la deducción es de dos tercios (2/3) de su pensión estatal. La deducción se aplica solamente si su empleo estatal no está cubierto por el seguro social.

Por ejemplo:
Si su pensión estatal es de $1,800, la deducción será de $1,200 de sus beneficios o de las prestaciones del Seguro Social. La suma del beneficio de su Seguro Social, si usted la recibe a la *Edad de Jubilación Completa*, y si su ex esposo tenía ingresos altos, podrían exceder esa suma de compensación (balance) estatal (offset). Por ejemplo, un beneficio máximo para un trabajador en el año 2002 es de aproximadamente $1,660 por mes. Si ése fuera el importe de la cantidad de seguro primaria de su esposo, usted podría recibir la diferencia entre ésa y los $1,200. �֍

P En 1960, me casé con un hombre y nos separamos seis años más tarde. Nunca nos divorciamos. Descubrí que él falleció hace un par de años y deseo saber si tengo derechos a sus beneficios (prestaciones) del Seguro Social. Gracias

R Como la legítima esposa de un trabajador, usted tiene derecho a los beneficios de la cuenta de su esposo, si reuniera todas las otras condiciones. Generalmente, para tener derecho como viuda significa que ésta tenga al menos sesenta años de edad y que no esté casada. Si se volviera a casar luego de los 60 años, esto no se considerará. Si usted se encuentra totalmente incapacitada podrá recibir *beneficios de viuda incapacitada*, desde los 50 años de edad.

P Mi futuro esposo cumplirá 62 años el próximo mes y pronto comenzará a recibir sus beneficios del Seguro Social. Estuvo casado quince años con su primera esposa. Durante ese período los dos trabajaban, pero él tuvo mayores ingresos. Tienen dos hijos mayores de 35 y 36 años de edad. Su esposa nunca se volvió a casar y cumplirá 62 años en el año 2005. En los años subsiguientes mi futuro esposo se casó con la esposa número 2 y estuvieron juntos por tres años, luego con la esposa número 3 con la cual estuvo casado por tres meses. Mi pregunta es: Yo tengo 42 años de edad ¿a qué beneficios tendré derecho—si es que hay alguno—cuando nos casemos? Además, ¿tiene derecho su primera esposa a algún beneficio? ¿Comprometería nuestro matrimonio sus posibles beneficios si los tuviera? Brevemente, tengo admiración por la primera esposa ¿a qué clase de beneficios tenemos derecho? ¿Comprometería (perjudicaría) nuestro matrimonio sus futuros beneficios? Le agradezco anticipadamente.

R Usted tendrá derecho a prestación de esposa en la cuenta de su esposo cuando cumpla sesenta y dos años, si él estuviera vivo para ese entonces. Caso contrario, tendrá derecho a recibir beneficios de viuda, el cual puede comenzar a los sesenta años de edad o aún a los cincuenta, si usted estuviera totalmente incapacitada. La primera esposa de él tendrá derecho a los beneficios de ex esposa de la cuenta del ex, cuando cumpla sesenta y dos años de edad, por haber estado casada con él por al menos diez años. Debido a que los requisitos son diez años de duración de matrimonio, las esposas número 2 y 3 no tendrán derecho a recibir ninguna prestación de la cuenta de él. La primera esposa no perderá ningún beneficio debido a vuestro matrimonio.

P ¡Hola! Me he casado hace poco tiempo y deseo saber si hay algo que tenga que cambiar en el departamento de Seguro Social antes de liquidar mis impuestos. ¿Hay algo o estoy bien para iniciar la declaración de impuestos?

R Usted puede cambiar su nombre para propósitos del Seguro Social. Puede contactarse con la Administración del Seguro Social para obtener una nueva tarjeta. Necesitará mostrarles su certificado de matrimonio para que verifiquen su nuevo nombre—le darán una nueva tarjeta. No debe esperar la tarjeta para realizar la gestión de impuestos porque no creo que el IRS sea muy comprensible. Eventualmente sus registros se corregirán.

PMe he casado recientemente y necesito saber cómo cambiar mi nombre en el Seguro Social. Por favor, aconséjeme.

RDebe dirigirse a la oficina del Seguro Social con pruebas de su nombre y apellido de soltera y su certificado de matrimonio, el cual mostrará su nuevo nombre. Asegúrese de llevar los documentos originales o copias certificadas por la agencia que otorga los documentos. No puede hacerse sus propias fotocopias. El Seguro Social le devolverá los documentos originales.

PMi esposo es un ciudadano británico que ha vivido y trabajado en los Estados Unidos por catorce años. Obtuvo su tarjeta de residencia cuando se mudó en el año 1988 y le han descontado Seguro Social de sus cheques de pago. ¿Tendrá derecho a recibir sus beneficios del Seguro Social sin ser ciudadano estadounidense?

RSí, siempre que su esposo haya reunido la cantidad de trimestres de cobertura bajo el sistema del Seguro Social y él pareciera que los tiene. Además, los créditos del Seguro Social que él haya ganado en Inglaterra (Gran Bretaña) también podrán usarlos para hacer el cálculo de sus prestaciones (beneficios).

6.

Los Hijos

La Ley del Seguro Social permite que los hijos de los trabajadores jubilados, incapacitados fallecidos puedan cobrar beneficios o prestaciones hasta que cumplan los 18 años. En una época los beneficios se continuaban hasta los 22 años si el niño era estudiante de universidad a tiempo completo. Esa provisión se eliminó hace algún tiempo, aunque si el hijo(a) todavía está cursando la escuela secundaria, puede cobrar los beneficios hasta cumplir los 19 años de edad. Los hijos(as) que estén incapacitados antes de los 22 años pueden recibir beneficios como hijos adultos incapacitados.

Varios tipos de hijos pueden ser elegibles aparte de los hijos naturales. Los niños adoptados, hijastros(as) y aún niños adoptados equitativamente pueden recibir beneficios. En ciertas circunstancias, los nietos pueden cobrar beneficios de la cuenta de los abuelos, si es que sus padres han fallecido o han quedado incapacitados antes de que el abuelo o la abuela tuviera derecho a ayuda social.

Debido a que el niño(a) generalmente no puede cuidar sus propios intereses, el Seguro Social normalmente le pagan los beneficios a un representante en favor del niño(a). Usualmente éste es el padre o madre natural que vive con el niño(a) aunque no siempre es el caso.

Este capítulo tratará de varios temas y circunstancias referentes a los beneficios o prestaciones que se les paga a los hijos(as).

P Tengo 16 años y mi papá tiene 67 años y está jubilado. Él recibe dinero extra del Seguro Social porque yo todavía soy su familiar dependiente y nos informaron que si yo comenzara a trabajar y a ganar un cheque, le cortarían ese dinero extra del Seguro Social. Debido a esto, yo no puedo trabajar ni ganar un miserable cheque de adolescente. Recientemente, se me informó que se ha pasado una ley la cual indica que una persona jubilada que tenga entre 65 y 69 años puede recibir cualquier salario que quiera sin que interfiera con los beneficios del Seguro Social. ¿Es verdad. Si es así, significa que puedo trabajar sin que le reduzcan sus beneficios extra a mi papá?

R Es verdad que tus ganancias afectan los beneficios de hijo que recibe tu papá en nombre tuyo como hijo menor, pero las ganancias tuyas no afectarán la propia prestación de él. Si tus ganancias exceden los $9,600 por el año 2000, entonces pierdes $1 por cada $2 sobre el límite. Bajo el nuevo cambio de ley, las ganancias de tu papá no tienen ningún efecto en sus beneficios porque él es mayor de 65 años, pero tú todavía estás sujeto a la prueba de las ganancias.

✏**NOTA:** Si tú estás ganando un "miserable sueldo de adolescente" de menos de $9,600 al año, no tendrá ninguna consecuencia en el beneficio de hijo.

P Mi hija tiene 18 años de edad y acaba de empezar la universidad. Su papá está recibiendo Seguro Social. ¿Puede

ella cobrar sus beneficios mientras esté en la universidad hasta que cumpla los 21 años?

R Las prestaciones para estudiantes universitarios fueron eliminadas hace muchos años. Los beneficios para hijos(as) se pagan sólo a los que tienen menos de 18 años. Los beneficios continuarían solamente si el hijo(a) está en la escuela secundaria (no en la universidad) y hasta cumplir los 19 años.

P **Acabo de tener un bebé el martes 5 de junio. Es mi primer hijo y no sé cómo obtener un número de Seguro Social o una tarjeta para mi niño. Apreciaría mucho si me avisara qué debo hacer. Gracias.**

R ¡Felicitaciones! Si quiere obtener un número de Seguro Social para su nuevo bebe, debe contactarse con la Administración del Seguro Social. Tienen un número de tarifa libre, el 800-772-1213. Va a necesitar un certificado de nacimiento y completar la forma SS-5. Puede bajar esto en línea del **www.ssa.gov/online/ss-5/html.** Tendrá que ir personalmente a la oficina del Seguro Social. Puede encontrar la oficina más cercana llamando al número de tarifa libre o, en línea en el: **http://www.ssa.fov/locator/.** Debe llevar consigo una copia *certificada original* del certificado de nacimiento.

P **Mi hijo estaba recibiendo prestación de superviviente después que falleció su papá. Sus beneficios terminaron cuando cumplió los 19 años, a pesar de que estaba en una** clase para niños con problemas de aprendizaje en la escuela secundaria y no se graduó hasta el mes de junio antes de cumplir los 20 años en agosto. ¿Debería haber recibido beneficios hasta que se graduara de la escuela secundaria?

R Los beneficios continúan sólo hasta el fin del semestre en que el joven cumple los 19 años, pero si está totalmente incapacitado de hacer cualquier *trabajo lucrativo substancial*, los beneficios pueden continuar tanto como dure la incapacidad.

P El sobrino de mi esposo desgraciadamente ha perdido a sus padres en los últimos años y está cobrando Seguro Social. Su abuelita fraternal tiene custodia de él ahora. Nuestro sobrino nos ha pedido vivir con nosotros. Eso no es problema, pero mi pregunta es, si nosotros lo adoptamos legalmente para que pueda estar cubierto bajo mi seguro de salud que incluye seguro dental y óptico ¿recibiría aún beneficios del Seguro Social para poder ahorrar para la universidad y para emergencias, o sólo tendríamos que tener custodia de él para que no pierda sus beneficios del Seguro Social? En este momento tiene 13 años. Gracias por su consideración en este tema.

R La adopción no termina con los beneficios de un niño una vez que están establecidos. Su sobrino continuará teniendo derecho a los beneficios del Seguro Social aún después de la adopción. Mis mejores deseos para ustedes y para su sobrino.

P Hola. Mi hija tiene 15 años y su padre biológico falleció en enero de 1999. Fue adoptada por mi presente esposo en Septiembre de 1991. Mi esposo la pudo adoptar por causa de abandono. Su papá natural nunca hizo pagos de mantenimiento. ¿Es ella elegible para beneficios del Seguro Social?

R Su hija no puede cobrar de la cuenta de su padre natural muerto porque fue adoptada por su esposo antes de la muerte de su padre; por lo tanto, no se le puede considerar familiar dependiente de su padre. Si su padre biológico estuviera viviendo con la muchacha o la estuviera manteniendo, entonces ella podría cobrar de la cuenta de él, pero ese no es el caso aquí. Otra excepción sería si el fallecido hubiera tenido derecho por incapacidad bajo el Seguro Social hasta su muerte o derecho a recibir beneficios de jubilación. De otra manera, su hija no puede cobrar Seguro Social de la cuenta de su padre natural.

P Mi mamá falleció recientemente y estaba recibiendo beneficios del Seguro Social. Varias personas me han dicho que, debido a su fallecimiento y a que yo soy estudiante de universidad a tiempo completo, puedo recibir seguridad suplemental. ¿Es verdad?

R Siento mucho la pérdida de su mamá. Desdichadamente, usted no puede cobrar beneficios del Seguro Social por ser estudiante universitaria. La ley sólo permite continuar beneficios para estudiantes de la escuela secundaria (no de la universidad) hasta que cumplan 19 años mientras están en la escuela secundaria.

También preguntó acerca de los *beneficios suplementarios*. Creo que está confundiendo términos, lo cual hace mucha gente. El Seguro de Ingreso Suplementario (SSI) es un programa de bienestar social para los incapacitados (de cualquier edad, incluyendo niños), ancianos (de más de 65 años) y para los ciegos. Estos beneficios son manejados por la Administración del Seguro Social, pero los beneficios provienen de impuestos federales(generales) a las rentas, no de los impuestos o fondos del Seguro Social por pago de sueldos. Además, muchos estados suplen los pagos de SSI.

Los beneficios o prestaciones del Seguro Social se pagan basándose en las *contribuciones* de los trabajadores (una expresión gubernamental para los impuestos por pago de sueldos) y se pagan al asalariado y a sus familiares dependientes al jubilarse o al quedar incapacitado, al fallecer y también a su esposa e hijos menores que le sobreviven. En una época, estos beneficios podían continuar hasta los 22 años para estudiantes universitarios a tiempo completo, pero la ley cambió hace ya varios años.

PNecesito información sobre las reglas de derecho a ayuda social y la terminación de beneficios para hijastros que cobran Seguro Social por incapacidad. Necesito saber si las leyes han cambiado e indican que los hijastros ya no tienen derecho si la madre y el padrastro están divorciados. Tengo entendido que existe una enmienda despúes de 1995 que dice que ya no tienen derecho, pero, aunque averigüe buscando sobre las leyes de 1995, no la puedo encontrar. Es muy importante necesito esto lo antes posible. Gracias por su tiempo.

R Las regulaciones presentes no estipulan la terminación (de beneficios) debido a un divorcio—por lo que los beneficios deberían continuar.

P La mamá de mi nieto falleció. Su papá, mi hijo, es el padre oficial. Sin embargo, el padrastro hizo arreglos y recibe los beneficios del Seguro Social del muchacho. ¿Cómo se hizo esto posible sin algún tipo de prueba que le mencione como el guardián legal? ¿Cómo puedo rectificar esta injusticia? El muchacho escogió quedarse con su padrastro, pero pasa el mismo tiempo conmigo, quiero decir, aquí; el muchacho tiene 15 años.

R Su hijo, al ser el padre natural tendría preferencia sobre el padrastro en cuanto a ser el representante de un hijo menor siempre que "demuestre un fuerte interés por el bienestar del hijo". Debe acudir a la oficina del Seguro Social con una prueba de esa relación. Si ha contribuido a su manutención, también debe llevar prueba de ello. Debe solicitar ser el representante beneficiario.

P ¿Pueden unos abuelos cuyo nieto vive en su casa por varios meses, ser elegibles para recibir beneficios del Seguro Social cuando los abuelos cobran beneficios? Este niño no ha sido adoptado por sus abuelos y ellos tiene custodia temporaria del niño.

RUn nieto puede calificar como hijo bajo la cuenta de los abuelos si los padres naturales o adoptivos del niño están incapacitados o han fallecido cuando el abuelo(a) llegó a ser elegible para recibir Seguro Social. El niño no puede calificar si los padres estuvieran vivos o no incapacitados en el momento de que su abuelo(a) tiene derecho a ayuda social. Un bisnieto no puede calificar bajo esta provisión.

PVivo en Illinois. El novio de mi hija falleció en Noviembre. Tienen una hijita de 16 meses. Él también tiene dos hijos de un matrimonio anterior, pero la de mi hija es la más pequeña. Mi hija llenó el papeleo necesario y presentó los documentos requeridos para reclamar beneficios del Seguro Social para su hija. Todo está en orden.

Hasta el día de hoy no ha recibido nada; sin embargo, los otros dos niños están recibiendo beneficios y mi hija y su exesposa fueron a la oficina del Seguro Social el mismo día. Cuando mi hija llama a preguntar no le dicen mucho, excepto que lo va a recibir. Pidió el número del centro de pagos y le dijeron que no le pueden dar esa información. ¿Cómo puede averiguar más acerca de lo que está pasando con ese dinero?

RDebido a que la niña de su hija es la hija ilegítima de un trabajador fallecido, el Seguro Social requiere pruebas de la relación antes de adjudicar beneficios. Los otros niños nacieron dentro del estado matrimonial por lo que son considerados hijos del trabajador automáticamente. La razón de la demora es, posiblemente, debido a los requisitos de documentación adicional. La determinación oficial de *paternidad* requiere tiempo extra y papeleo para verificar la paternidad de la niña.

PRecientemente me hice unas pruebas de sangre y descubrí que mi papá es quien yo había pensado. Bueno, mi padre falleció un año después que yo nací. Yo me mudé con mi hermana que es mi guardiana legal. Se me ha otorgado $15,000 en beneficios del Seguro Social en dinero atrasado y recibiré $900 por mes hasta que cumpla los 18 años. Necesito tener un automóvil (carro) y mudarme; también quisiera tener algo de mi propio dinero para mis necesidades y guardar el resto para la universidad. Mi hermana me dijo rotundamente que ella tiene control del dinero. Yo escribo esto preguntándome si hay alguna forma legal de que ella no pueda gastar mi dinero y de que me yo pueda recibir todo cuando cumpla los 18 años. Personalmente no creo que es justo.

REl Seguro Social no pagará beneficios directamente a un menor cuando se ha adjudicado un guardián legal. Debido a que tú tienes menos de 18 años y un guardián asignado, el Seguro Social debe pagarle tus beneficios a tu guardián legal, en este caso a tu hermana. Ella está bajo el deber legal de conservar los fondos que recibe para ti y de usarlos solamente para tus necesidades presentes, incluyendo comida, ropa y vivienda. Cualquier dinero extra o el dinero vencido que ella haya recibido para ti debe mantenerse en una cuenta especial. Eso significa que tú debes ser nombrado el beneficiario.

Las regulaciones del Seguro Social requieren que ella mantenga el dinero invertido con un riesgo *mínimo* y que todas las inversiones deban mantenerse en fideicomiso para ti. Los fondos deben ser depositados en una cuenta que *produzca interés* o que *dé dividendos* en un banco, compañía de fideicomiso o en una asociación cooperativa de crédito asegurada por la Ley del Estado o federal. El interés te corresponde a ti, no a tu hermana.

Es más, tu hermana, como tu representante beneficiaria, debe rendir cuentas periódicamente a la Administración del Seguro Social para asegurarse de que no está usando los fondos mal (de que no existe malversación de fondos). Cuando tú cumplas los 18 años, tendrás derecho al dinero acumulado y entonces, si lo deseas, puedes comprar un automóvil (carro) de tu elección.

P **Mi nombre es Marshall y quisiera saber cómo puedo denunciar fraude de parte de mi padre. Yo ya no vivo con él pero él sigue aceptando el Seguro Social aún cuando yo no estoy allí. También quisiera saber si sería posible recibir el dinero siendo que soy independiente. Gracias por su tiempo.**

R Generalmente un hijo menor de 18 años se supone que es incapaz de recibir beneficios del Seguro Social y se le asigna un portador del dinero. Sin embargo, hay algunas excepciones. Si tú estás considerado bajo la ley estatal de que estás emancipado, se asume que eres capaz de recibir tus propios beneficios. Si tienes un guardián legal asignado por la corte, entonces el guardián debe estar recibiendo los beneficios. Si no hay un guardián legal y vives solo y te mantienes solo, entonces tú mismo también puedes recibir los beneficios. Te sugiero que vayas a tu oficina local del Seguro Social para hablar más de esto. Si tu padre ha usado mal los fondos recibidos en tu nombre, tendrás que hacer una *rendición de cuentas* al Seguro Social.

PSoy una muchacha de 16 años con muchos problemas familiares en casa. Me voy a mudar con alguien de 20 años. ¿Cómo funcionarían mis beneficios cuando ocurra eso? Estoy yendo a la escuela para sacar mi GDE y voy a comenzar a trabajar para pagar algunas cosas que necesito. El Seguro Social es para pagar la comida, la vivienda, la ropa y las cuentas médicas. Igual lo necesitaría para pagar esas cosas si me mudara. ¿Sería posible que la persona que vive conmigo reciba ese cheque?

RTe recomendaría seriamente que reconsideraras tu decisión de mudarte fuera de tu hogar, especialmente si él "alguien de 20 años" es tu novio y no se van a casar. Aunque los beneficios del Seguro Social terminarían si te casaras, pienso que tus problemas serían mucho mayores si entras en un arreglo de "vivir con alguien" siendo tan joven.

El beneficio del Seguro Social que le corresponde como hija continuará hasta que cumpla los 18 años. Si está en la escuela (no siendo la universidad), la prestación continuará hasta que cumpla los 19 años. La cantidad del beneficio está basada sólo en el récord de las ganancias del trabajador de cuya cuenta usted recibe esa prestación, el cual sería un padre o madre incapacitado(a), jubilado(a) o que haya fallecido.

El beneficio no está basado en sus necesidades de comida, vivienda, ropa ni cuentas médicas. Si tú eres una menor *emancipada*, tú misma podrías recibir la prestación directamente, pero el Seguro Social tendría que investigar la situación. Él "alguien" podría solicitar ser tu portador o beneficiario, pero el Seguro Social tendría que hacer una determinación de que eso sería para el mejor interés tuyo. Yo dudo seriamente de que se llegue a esa conclusión.

Nuevamente te recomiendo enfáticamente que reconsideres el mudarse fuera de tu casa. Aunque estés teniendo problemas en tu hogar, probablemente son mucho menores que los problemas que enfrentarías si entraras en un arreglo de "vivir con alguien".

PMi esposo recibe beneficios por incapacidad en este momento y su hijo recibe dinero de esa prestación. Nos dijeron que los hijastros también pueden cobrar de esos beneficios. ¿Podría aclarar esta pregunta?

RLos hijastros de un trabajador(a) incapacitado(a) pueden recibir beneficios sobre su cuenta. El hijastro(a) debe ser familiar dependiente del trabajador y el matrimonio del padre o madre con el trabajador(a) debe haber durado al menos un año.

✎**NOTA:** Si el hijastro(a) vive en la misma casa que el trabajador(a) en el momento que se le otorgan los beneficios, el hijastro(a) es considerado como si fuera familiar dependiente del trabajador(a).

Los beneficios continuarán aún si los padres se llegaran a divorciar más adelante. Le sugeriría que vaya a su Oficina del Seguro Social inmediatamente para presentar la solicitud de beneficios para los hijastros(as). Cuando vaya, asegúrese de llevar sus certificados de nacimiento y el de su casamiento con el trabajador(a).

PHola. Mi papá falleció en diciembre del 2000. Desde entonces he estado recibiendo cheques del Seguro Social. Acabo de cumplir los 18 años en marzo y tenía que llamar a la oficina del Seguro Social en Indiana, donde vivo, para decirles que había cumplido los 18 años. Entonces, el representante de servicios me dijo que los cheques iban a descontinuarse después de mi graduación en mayo. Mi mamá y yo siempre pensamos que los cheques continuarían mientras estuviera en la universidad hasta cumplir los 21 años. Entonces, ¿nos podría decir por qué mis cheques cesarán en mayo? Gracias.

RHace muchos años se cambiaron las leyes del Seguro Social para eliminar a estudiantes universitarios. Las prestaciones para hijos(as) ya no se pagan después de que el hijo o hija cumpla los 18 años a menos que continúe en la escuela secundaria, en cuyo caso continúan hasta que cumpla los 19 años. Si al cumplir los 19, todavía está en la escuela, continúan hasta el fin de ese semestre. La universidad no cuenta, así que si tú te estás graduando de la escuela en mayo de este año, por eso es que tus beneficios van a cesar.

7.

Como Solicitar Beneficios

Las leyes del Seguro Social ponen restricciones acerca de cuándo un demandante puede solicitar beneficios. Las restricciones se relacionan con la vida prospectiva futura de la solicitud, así también como con el período retroactivo (en el pasado) por la cual la aplicación puede ser efectiva. Como regla general, cuando usted solicita los beneficios del Seguro Social debe presentar evidencias necesarias para demostrar que tiene derechos.

En el caso de los beneficios de jubilación o retiro, debe probar su edad por medio de un certificado de nacimiento o de bautismo. Si esos certificados no se pueden conseguir, deberá presentar al Seguro Social evidencias necesarias para probar la edad tales como: pasaporte, certificado de naturalización u otros documentos oficiales que deben ser aceptados por la Administración del Seguro Social. También deberá presentar los Formularios W-2 de los últimos dos años para establecer sus últimas ganancias porque quizás no se reflejen en sus registros del Seguro Social por algún tiempo.

Si usted está solicitando como esposa o esposo deberá presentar su certificado de matrimonio. Si está solicitando beneficios en representación de cualquiera de sus hijos, tendrá que llevar los certificados de nacimiento de ellos.

Las personas que solicitan beneficios por incapacidad necesitarán sus certificados de nacimiento así como los nombres completos y domicilios de todos los profesionales que los estén tratando. No es necesario llevar el registro médico con usted, pero definitivamente tiene derecho a presentar el récord que usted desee.

Los beneficios de familiar superviviente dependerán de la relación con el trabajador; por lo tanto, se deberá presentar el certificado de matrimonio y el certificado de nacimiento de la viuda o el viudo. Por supuesto que se requiere el certificado de defunción del fallecido trabajador(a).

Las siguientes preguntas se refieren a algunos de los otros temas relacionados a la solicitud de beneficios. También se tratan temas como el momento de presentación de la solicitud (la fecha) y el efecto que éste pueda tener en los beneficios, las ventajas de la declaración protectora de reclamos y se incluyen algunos temas relacionados con dueños de negocios

P **Mi esposo tiene 67 años y pronto cumplirá 68 y aún está trabajando. Todavía no ha solicitado su Seguro Social. Lo que me estaba cuestionando es, si él lo solicita ahora, ¿recibirá pagos retroactivos a cuando tenía 65 años o a cuando él solicitó por primera vez?**

R La solicitud de beneficios puede ser retroactiva por solamente seis meses de la fecha de presentación.

✎**NOTA:** Si alguna vez él hubiera presentado una *declaración de demanda protectora*, ésta podría actuar como la fecha de presentación, aunque no haya presentado una solicitud o aplicación.

122

Le recomiendo a cualquier persona mayor de 62 años que presente una declaración protectora de reclamos ante el Seguro Social periódicamente para asegurarse que podrá recibir todos los beneficios posibles.

Advertencia

Bajo los nuevos cambios de la ley, no hay límite de ingresos si uno tiene más de 65 años, así que su esposo debería presentar su solicitud inmediatamente.

P **Cumpliré 62 años el 5 de marzo del 2003 y presentaré mi solicitud para recibir Seguro Social. Dado que mi fecha de cumpleaños cae después de 1937, ¿tendré que esperar dos meses más o simplemente esto se aplica si se solicita a la edad de 65 años? Gracias por su ayuda.**

R Aún puede cobrar beneficios a los 62 años (o más precisamente, comenzando con el mes en que usted tenga 62 años "durante todo el mes", en su caso, en abril), pero su beneficio será reducido por ocho meses extras, (no dos). Debido a que usted nació en 1941, su *Edad de Jubilación Completa* es a la edad de 65 años y ocho meses.

P **Me he enterado de que los requisitos de elegibilidad han cambiado. Actualmente tengo 56 años y mi cumpleaños es en diciembre. Si escojo cobrar mi Seguro Social a los 62**

años, ¿cuál es la fecha más temprana para que yo pueda pedir mis beneficios?

Además he oído que sólo los últimos tres años se consideran como salarios elegibles. ¿Cómo funciona esto en realidad? ¿Se *promedian* los últimos tres años de salario y luego esa suma se usa como el ingreso en el cual se calcula el cheque mensual del Seguro Social? Muchas gracias.

Puede pedirlo tres meses antes de cumplir los 62 años. Como norma general, los beneficios se basan en los 35 años en que las ganancias (o ingresos) hayan sido más altas de los últimos 40 años de trabajo y son *indexados* por la inflación. También las prestaciones (beneficios) *se reducen actuarialmente* (reducidos debido a la edad) si se reciben antes de la *Edad de Jubilación Completa*—anteriormente era a los 65 años, pero ahora va aumentando gradualmente en etapas

Estimado Señor: En el año 2002 cumpliré 65 años de edad y aún estoy trabajando. Si escojo tomar un porcentaje reducido por el período que estoy trabajando y trabajo hasta los 67 años, ¿se me aumentará el valor hasta la suma que debería haber recibido si no hubiera recibido ningún dinero a los 65, o se congelará al porcentaje que recibí a los 65 años de edad? Por favor, ¿podría alguien contestar esta pregunta ya que no puedo obtener ninguna respuesta de la oficina local del Seguro Social?

No hay ninguna reducción del beneficio para usted si comienza a recibirlo a la edad de 65 años. Si obtiene prestación por un mes antes de cumplir los 65 años, hay una pequeña reducción por ese mes, 5/9 del 1 porciento (o 1/180) por cada mes de derecho a la ayuda social antes de la *Edad de Jubilación Completa* (a los 65 años para usted, pero va aumentando en incrementos de dos meses por año comenzando con los nacidos en 1938 y más adelante—(1940 para las viudas). El factor de reducción para las prestaciones (beneficios) antes de los 65 años puede ser eliminado después de los 65 si no obtuvo un mes completo de prestación por ese mes.

Además, usted obtendrá un aumento por cualquier mes después de la edad de 65 años en los que no obtenga ninguna de las prestaciones debido a las deducciones de trabajo. Esto se denomina *crédito por jubilación demorada.* Para los que cumplen 65 años en el 2002-2003, es el 13/24 del 1% (uno porciento) de su cantidad de seguro primaria (6.5% por el año completo). Usted debería ir a la oficina del Seguro Social inmediatamente para presentar una *declaración protectora de reclamos* y pedir un estimado de la suma de su beneficio. Frecuentemente los trabajadores pueden obtener prestaciones inesperadas, pero es crucial proteger su fecha de presentación.

P **Estoy considerando retirarme en los próximos seis meses de una posición a tiempo completo que tengo en el campo de seguros. También tengo un pequeño negocio de venta al por menor junto con un socio. ¿Cómo afectarán las ganancias (utilidades) que yo obtenga de mi negocio a los beneficios de mi Seguro Social?**

R Lo que usted saque de su negocio, ya sea en salario o ingresos trabajando por cuenta propia, afectarán a sus beneficios como cualquier otro ingreso que usted pudiera ganar, si tiene menos de 65 años. Si es menor de 65 años, pierde $1 de beneficio por cada $2 sobre la suma exenta anual. Si tiene 65 años o más, pierde $1 de prestación por cada $3 sobre la suma exenta. Además, las sumas exentas son mayores para el año en que usted cumple 65 años. A los 65 años de edad sus ganancias no afectan a sus prestaciones.

Para el 2002, la suma anual exenta para los menores de 65 años es de $11,280; para quienes cumplen los 65 en el 2002, la suma es de $30,000. Desconozco su edad, pero si aún no tiene 65 años, su petición puede tener límites sobre cuántos beneficios retroactivos pueda recuperar. Aunque tenga más de 65 años, hay límites en cuanto a la retroactividad.

Muchos solicitantes podrían ser elegibles para obtener beneficios extras que no esperaban si hubieran presentado su solicitud más pronto o hubieran protegido la fecha de presentación. Es una pena perder ese dinero. Le sugiero que presente una "declaración protectora de reclamos" tan pronto como le sea posible, lo cual podría ahorrarle algunos miles de dólares.

Advertencia

Cuando usted es dueño de un negocio, el Seguro Social mirará sus argumentos de ingresos y de jubilación a través de un microscopio. Lo hacen bajo la suposición de que la persona miente exponiendo un ingreso más bajo y le requerirán una declaración escrita y detallada. La forma de verificar lo que dice será contactando a sus clientes y proveedores y frecuentemente le harán visitas inesperadas (subrepticias) en el negocio haciéndose pasar por un vendedor o cliente.

P¿Puedo pedir el Seguro Social vía Internet? Gracias.

RSí, puede solicitar beneficios de jubilación, de incapacidad y de esposos en línea. Vaya a: **www.ssa.gov/onlineservices/**

PQuisiera saber si soy elegible para recibir prestaciones de viuda. Mi esposo falleció la semana pasada. ¿Cómo averiguo y con quién me contacto? Tengo 63 años de edad.

REs muy importante que se contacte con la oficina local del Seguro Social tan pronto como le sea posible porque hay limitaciones sobre la retroactividad de su solicitud—tan poco como un mes y posiblemente menos. No es necesario esperar a recibir el certificado de defunción de su esposo. Es muy importante que proteja la fecha de presentación. Puede presentar los documentos más adelante. El Seguro Social le dará la oportunidad de obtener y mostrar los documentos después de haber presentado su solicitud.

Puede contactarse con la Administración del Seguro Social al 800-772-1213. Le dirán dónde se encuentra su oficina local del Seguro Social. Si no puede dar con el número, puede buscar en la guía telefónica (directorio) local bajo Oficinas del Gobierno de EU (US Government Offices). Si no lo puede hacer, pida información acerca de la oficina más cercana del Seguro Social en su Oficina de Correos, pero NO SE DEMORE porque puede perder los beneficios si espera más de un mes.

La solicitud por prestación de viuda reducida puede no tener *retroactividad*. Si la presenta en el mes posterior a la fecha en que su esposo falleció, sólo tendrá un mes de retroactividad, así que no se demore.

PMi esposo falleció hace diecisiete meses (a los 66 años), en ese momento yo mandé el certificado de matrimonio y recibí el *beneficio por fallecimiento* de $255 (sí recuerdo bien la suma). No me he vuelto a casar y pronto cumpliré los 60 años. (Vivo en el estado de Ohio). ¿Es correcto lo que recuerdo acerca de que los beneficios para viudas(os) pueden empezar a los 60 años siempre y cuando no se hayan vuelto a casar? Si se me concede un cheque mensual, ¿puedo solicitar el mío propio (si es mayor) cuando cumpla los 62 años?... o ¿por cuánto tiempo puedo recibir esta mensualidad de viuda? Gracias.

RSí. El beneficio por fallecimiento era de $255 pagables a la esposa superviviente. Usted será elegible para los beneficios de viuda comenzando a los 60 años aunque se los reducirán porque está debajo de la *Edad de Jubilación Completa*. Si toma la prestación a la edad de 60 años, recibirá el 71% de la suma completa. Si se vuelve a casar antes de los 60 años, tendrá derecho al beneficio de viuda, pero si se casa después de los 60 años de edad, no le afectará a sus beneficios. Si tuviera derecho a los beneficios del Seguro Social de su propia cuenta, sería elegible empezando a los 62 años. Si la cantidad de su propio beneficio es mayor, puede transferirse y adoptar el suyo. Puede hacerlo a los 62 o a los 65 años de edad.

Quizás sea un poco complicado decidir cuál de las opciones puede ser más ventajosa para usted. Es una buena idea recibir estimados de los beneficios del Seguro Social para, teniendo las sumas exactas, poder calcular cuándo sería el momento de cambiar, si alguna vez tuviera que hacerlo, y pasar a recibir las prestaciones de su propia cuenta. Alguno de la oficina del Seguro Social la ayudará con todo gusto (o al menos debería) para decidir esto.

PNací el 1º de enero de 1941. ¿Cuándo debo solicitar el Seguro Social? Gracias.

RDebido a que cumple años el 1º de enero, para fines del Seguro Social usted puede lograr su edad el 31 de diciembre, lo cual significa que será elegible para prestaciones empezando en el mes de enero. A pesar de que técnicamente usted tiene 62 años desde el 31 de diciembre, no puede recibir la prestación por ese mes porque no tiene 62 años "durante todo el mes". No obstante, dado a que su "cumpleaños del Seguro Social" es el día antes de su cumpleaños, se considera que usted nació en 1940. Para usted, los meses extras de reducción serán un poco menos que para alguien que haya nacido en 1941. Para los nacidos en 1940, la *Edad de Jubilación Completa* es a los 65 años y seis meses, pero para los que nacieron en 1941, la *Edad de Jubilación Completa* es a los 65 años y ocho meses. Así que el factor de reducción total de su beneficio a la edad de 62 años es un poquito menos (22.5% de reducción en lugar de 23.33%) que para los nacidos en 1941.

PVoy a cumplir 62 años en agosto de este año. ¿Cuándo debo presentar la solicitud para mi seguro Social ya que voy a tomar una jubilación temprana? Quisiera saber si uno necesita certificado de nacimiento para pedir la jubilación.

RDebería dirigirse a la Oficina del Seguro Social en mayo y solicitar su retiro. Lleve consigo su certificado de nacimiento, y sus formas de W-2 de los últimos dos años. Si trabaja por cuenta propia, lleve su declaración de impuestos.

✏**NOTA:** Si trabaja por cuenta propia y no está cerrando completamente su negocio o vendiéndolo a un socio que no tiene ninguna relación con usted, debe tener mucho cuidado antes de ir al Seguro Social. Ellos van a querer que les demuestre—para su propia satisfacción—que usted no continúa trabajando.

P Nací en Alemania. Mi papá estaba en el Servicio Militar de los Estados Unidos en ese momento y mis padres estaban residiendo en Alemania cuando yo nací. Sólo tengo un certificado de nacimiento alemán (todo escrito en alemán). ¿Debo mostrarlo cuando vaya a solicitar los beneficios del Seguro Social? Actualmente tengo 54 años y deseo prevenir cualquier problema que se pueda presentar en el futuro, si es que existe. Soy ciudadano americano, por supuesto, ya que soy hijo de la esposa de un soldado americano, pero nuevamente, no tengo pruebas de esto. ¿Acaso eso sea un problema? He trabajado desde que tenía 17 años y siempre he contribuido con mi Seguro Social a través de mis cheques de pago.

R El Seguro Social podrá traducir su certificado de nacimiento alemán. Asegúrese de llevar el certificado original y no una fotocopia cuando vaya a la oficina del Seguro Social. No tiene que preocuparse de probar su ciudadanía puesto que no se requiere para recaudar prestaciones del Seguro Social. La Administración lleva un registro de sus ingresos y no habrá ningún problema.

P Vivo en el Condado de Citrus y cumpliré 62 años en junio. ¿Qué papeles necesito y a dónde debo inscribirme? Gracias.

R Vaya a su oficina local del Seguro Social. Puede obtener la dirección llamando al número de tarifa libre 800-772-1213 que opera en todo el país. Necesitará su certificado de nacimiento, su número del Seguro Social (no necesita la tarjeta pero deber saber su número) y sería una buena idea que lleve los últimos dos formularios W-2 para que sus ganancias actuales se puedan agregar inmediatamente al cálculo de sus prestaciones.

P Tengo copia de su excelente libro "El Manual de Beneficios del Seguro Social". Tengo una pregunta pero no pude hallar la respuesta en su libro y apreciaría que se tomara un momento para contestarme.

Trabajo por mi cuenta y cumpliré 64 años este mes. Estoy considerando activar mi Seguro Social. Necesito un estimado de mis ganancias netas para el año 2002. Basaré este estimado sobre mis ganancias netas del 2001 que he dado en el Formulario SE (Schedule E, reporte de trabajador independiente del IRS). Esa Forma contiene dos valores. ¿Debo usar el valor más alto o el más bajo? Probablemente esté hilando muy fino puesto que éste es sólo un estimado. Sin embargo, me gustaría conocer la respuesta a esta pregunta para tener mejor entendimiento y precisión.

R Gracias por sus comentarios con referencia a mi libro "Manual de Beneficios del Seguro Social".

Los límites de ganancias se basan en todos los ingresos de quienes trabajan por cuenta propia .Esto significaría la suma más alta en el Formulario SE (Schedule SE). La cantidad más baja representa las ganancias netas de la cifra del trabajador independiente, la cual se usa para calcular el impuesto al Seguro Social. Esa cifra se determina aplicando un crédito concedido por una ley de impuestos que se pasó en 1989. Las reglas del Seguro Social marcan una diferencia entre las ganancias netas de un trabajador independiente y el ingreso de un trabajador independiente. Las ganancias netas que se reciben al trabajar por cuenta propia es la cantidad que surge después de la deducción de crédito tributario. El ingreso del trabajador independiente es la utilidad neta que se obtiene después de sus gastos de negocios. La suma que se usa para propósitos de prueba de ganancias bajo el Seguro Social es la cifra de ingresos del trabajador independiente, la cual sería mayor en la Forma SE (Schedule SE).

Debe tener mucho cuidado antes de ir a la oficina del Seguro Social porque usted continuará seguirá siendo trabajador independiente. La Administración del Seguro Social querrá confirmar que no esté exponiendo inadecuadamente menos de sus ganancias a fin de calificar para obtener beneficios. Debido a que usted está por debajo de la *Edad de Jubilación Completa*, sus ganancias afectarán la suma de prestaciones que el Seguro Social le puede pagar. Este año, por tener 64 años, perderá $1 en beneficios del Seguro Social por cada $2 sobre la suma anual exenta, la cual es de $11,280 para el 2002.

Prepárese para dar una explicación detallada de sus negocios y tenga disponible su declaración de impuestos de varios años pasados. Si hay alguna desviación substancial entre sus ganancias de los años previos a la jubilación, el Seguro Social le pedirá una explicación. Pueden pedirle los nombres de sus acreedores y de sus clientes más importantes y también le preguntarán cuánto tiempo pasa en su negocio. A ellos les gustaría que usted se comprometiera a cumplir una rutina específica para asegurarse de que no se desvíe de ella. Algunas veces envían un investigador para vigilarle sus actividades.

Es extremadamente importante que tenga todos sus documentos y respuestas preparadas antes de ir a la oficina del Seguro Social. Si el primer funcionario entrevistador piensa que hay algo sospechoso o que usted está proporcionándoles respuestas incompletas o siendo evasivo, puede separar su caso para que se inspeccione minuciosamente. Indudablemente, ésta es una situación donde la primera impresión es la que vale. ¡Buena Suerte!

PEn una conversación con un amigo que cumplirá 62 años, me dijo que él necesitaba encontrar su Forma 214 DD para poder obtener un bono adicional del Seguro Social que se paga por haber prestado servicios en la milicia. Yo he prestado servicios en las fuerzas armadas pero no recuerdo que me hayan dado una copia de mi Forma 214 DD cuando solicité mis beneficios del Seguro Social a los 62 años hace ya más de cinco años. ¿Existe un bono por haber prestado servicios militares?

RLos créditos por servicio militar pueden agregarse a las ganancias para los años anteriores a 1957. Ése es el año en que el servicio militar empezó a estar cubierto por el Seguro Social. Se agregan $160 a las ganancias anuales por cada mes de servicio activo cuando se calcula la suma del beneficio. Dado a que las prestaciones se basan sobre los treinta y cinco años de mayores ganancias de un trabajador, es raro que esos servicios prestados antes de 1957 tengan alguna importancia.

Si el servicio militar no va a resultar en un incremento de beneficios, el Seguro Social no le requerirá pruebas de servicios prestados, como en su caso. Su amigo debe haber estado trabajando en un empleo sin cobertura después de 1957, quizás para el estado o gobierno local; por eso el servicio militar que él prestó tuvo importancia en el cálculo.

P¿Puede uno mudarse de ciudad sin perjudicar sus beneficios si se mantiene accesible a la ciudad dentro de cierto tiempo, es decir a 1 hora de tiempo de viaje? ¿En qué se basan para discernir esto?

RUsted puede vivir dondequiera y recibir sus beneficios del Seguro Social con la excepción de Cuba, Corea del Norte, Camboya, Vietnam u ciertas áreas que pertenecieron a territorio soviético anteriormente. No tendrá ningún problema. No importa dónde viva dentro de los Estados Unidos o realmente en la mayor parte del mundo.

8.

Los Pagos de Beneficios

Hay diferentes tipos de beneficios del Seguro Social, los cuales se calculan de varias maneras. El concepto básico que se usa para determinar un beneficio del Seguro Social es la cantidad de seguro primaria. Esta es la cantidad que se usa para calcular los beneficios para el trabajador así como para los supervivientes y dependientes. La cantidad de seguro primaria puede reducirse si el beneficio se toma antes de la Edad de Jubilación Completa y puede aumentarse si la jubilación se retrasa. Los dependientes en el caso de un trabajador viviente recibirán el 50% de la cantidad de seguro primaria del trabajador. En el caso de que el trabajador fallezca, el beneficio del dependiente es del 75% de la cantidad de seguro primaria.

Si el familiar dependiente es el cónyuge, la viuda o el viudo bajo la Edad de Jubilación Completa, entonces la suma del beneficio se reducirá por la reducción de la edad. La excepción es el caso de la viuda (o viudo) o la joven esposa (o esposo) cuyo derecho de ayuda social está basado en que tiene un hijo menor de 16 años bajo su cuidado.

En este capítulo se incluyen preguntas que tienen que ver con los cálculos de la cantidad de beneficio o prestación para los diferentes tipos de beneficiarios y para las diferentes circunstancias que se refieren a cada una. También mencionamos el efecto de las ganancias sobre los beneficios y en cómo se pueden reducir o suspender los beneficios. Generalmente esto se conoce como deducciones de trabajo.

Las preguntas y respuestas de este capítulo ilustran las diferentes posibilidades que se pueden aplicar a los varios tipos de beneficios del Seguro Social y al efecto que ocasionan las reducciones debido a ganancias o a la edad.

PHay un grupo que se llama "Notches" que se comunicó con mi mamá y le dijeron que estaban tratando de recuperar dinero que no se les pagó a personas nacidas entre 1919 y 1927. ¿Es verdad esto?

REl tal llamado tema de "notch" ha sido explotado por varios grupos tratando de reunir "grandes cantidades de dinero" en donaciones por muchos años. ¡Por favor no deje que su mamá envíe su dinero! Este es un tema sin salida que ya ha sido examinado por el Congreso a principios de la década de los 90.

En pocas palabras, se ha originado interés debido a un cambio en la ley durante la época de Carter que adaptó los cálculos de beneficios para disminuir los grandes aumentos que se produjeron debido a una ley de 1972 que disponía los aumentos automáticos del costo de vida. Los altos precios de inflación de los años 70 causaron una suerte inesperada para los nacidos después de 1910, resultando en beneficios tan altos que amenazó la integridad financiera del sistema. El Congreso se preparó para reconsiderar la forma en que se calculan los beneficios y los ejecutó en un período de transición para los nacidos entre 1917 y 1921.

Con el tiempo, las sumas de beneficios volvieron a aumentar a medida que los trabajadores más jóvenes alcanzaban la edad de jubilación. Sus ganancias sujetas a impuestos del Seguro Social eran más altas, tanto por la inflación como porque las ganancias máximas sujetas a impuestos se aumentaron para proveer más entradas de impuestos. Para aquellos nacidos en 1927, los niveles alcanzaron el nivel que tenían antes de los nacidos en 1917.

Si se hiciera un diagrama delineando (marcando) las sumas de beneficios a través del tiempo por el año de nacimiento, veríamos que aquellos nacidos antes de 1917 tenían beneficios más altos; los bebés de 1918 cayeron y a los nacidos después de 1921 fueron gradualmente levantándoseles los beneficios creando así un efecto de muescas (cortes) dando lugar al término (beneficiarios nacidos entre 1917 a 1921)

Este reajuste fue una solución racional para el sistema. No deprivó a nadie de su dinero. Inclusive eliminó un sistema demasiado generoso, relativamente hablando. No hay que olvidar que el Seguro Social es un sistema de seguridad social, no un tipo de pensión anual. La mayor parte de los beneficiarios, especialmente los mayores, incluyendo los "bebés de muescas" han recibido más del sistema que lo que hubieran recibido de una pensión privada. Eso fue, y continúa siendo, uno de los problemas para la integridad financiera del sistema.

P ¿Cómo determinan la cantidad de los cheques del Seguro Social? ¿Está basada en sus años más altos o en los últimos tres años?

R El Seguro Social utiliza los treinta y cinco años más altos. Confecciona un índice de las ganancias considerando la inflación a través de los años y después determina el promedio mensual. Su beneficio está basado en un porcentaje de eso. El porcentaje que se usa es mayor para los salarios promedio más bajos y menor para los salarios promedio más altos. Los pobres reciben más de un porcentaje de sus salarios promedio y los ricos reciben menos, basados en la idea de que los pobres necesitan más que los ricos.

Por ejemplo:
Para el año 2002, un trabajador a los 65 años con ganancias de un promedio índice mensual bajo de $1,045 recibiría un beneficio de jubilación no reducido de $682 por mes, o alrededor del 65%. Un trabajador con un máximo de ganancias mensuales de $4,770 recibiría un beneficio mensual no reducido de $1,660, o alrededor del 35%. ✱

P Mi esposo se ha retirado recientemente a la edad de 58 años porque tiene cáncer. Recibió una declaración (informe) del Seguro Social recientemente (Mayo 20 del 2000) en el cual se resume correctamente que él comenzó a trabajar en 1963. Lo que no nos está claro es cuál será su beneficio a la edad de 62 años puesto que dejó de trabajar antes de los 62. El ha ganado 144 créditos a través de su vida. En conclusión—¿Cuál será el beneficio mensual del Seguro Social a los 62 años?

R Antes que nada, es posible que él sea elegible para beneficios de incapacidad del Seguro Social si es que no puede trabajar. La suma sería la misma que si tuviera 65 años de edad. Yo le sugeriría que lo solicitara ahora y que no espere hasta los 62 años. El máximo beneficio de jubilación del Seguro Social a los 65 años es ahora; para los que cumplirán 65 años en el 2002, aproximadamente $1,433 más otra mitad de eso para la esposa que tenga 65 años. A los 62 años, el beneficio es de alrededor del 80% del beneficio que recibiría a los 65 años, pero esto se está disminuyendo un poquito cada dos años por el aumento gradual de la *Edad de Jubilación Completa*.

Para los nacidos en 1942, como su esposo, habrá unos diez meses adicionales de reducción porque para él la *Edad de Jubilación Completa* será a los 65 años y diez meses. La reducción extra se calcula al 5/12 del 1 por ciento, además del 20 por ciento de reducción. Para su esposo sería un poquito más del 24 por ciento total. Entonces, recibiría alrededor de $1,085 a los 65 años al porcentaje de hoy en día; pero si se le aprueba por incapacidad, recibiría una cantidad no reducida de cerca de $1,433. Estas cantidades son aproximadas y presumen ganancias máximas.

P ¿Cuál es el pago máximo mensual que un jubilado puede recibir del Seguro Social? ¿Qué ingreso es requerido para que un jubilado califique para el máximo pago mensual del Seguro Social? Sus respuestas serán muy bien apreciadas. Gracias.

R El máximo beneficio de jubilación para alguien que recibe su salario y que cumplirá 65 años en el 2002 antes de reducciones por su edad (se reducen los beneficios un pequeño porcentaje—5/9 del 1%—por cada mes de derecho de ayuda social antes del mes en que cumple 65 años), es de $1,660 mensuales. Las ganancias máximas en el presente (2002) sujetas a impuestos del FICA (el nombre oficial para el impuesto del Seguro Social) son de $84,900.

✏**NOTA:** La fórmula para computar el beneficio incluye treinta y cinco años. Las ganancias máximas han subido significantemente en las últimas cuatro décadas. Por ejemplo, las ganancias máximas de FICA sujetas a impuestos en 1960 eran de $4,800.

P Mi esposo recibió una declaración de ingresos del Seguro Social. Yo no la he recibido. ¿Será porque me mudé a Illinois hace cinco años? Yo trabajo, por lo que tiene sentido para mí. ¿Qué debo hacer?

R El Seguro Social acaba de comenzar un programa nacional para enviar declaraciones de ingreso a todos los trabajadores de más de 25 años, pero lo están haciendo gradualmente basados en el mes de nacimiento. Usted debería recibir su declaración como tres meses antes de su cumpleaños. La puede pedir en línea al:

www.ssa.gov/mystatement/index.htm

P ¿Cómo puedo averiguar cuánto he contribuido hacia mi Seguro Social y cuánto el gobierno o los empleadores han puesto por mí? ¿Hay algún formulario que me pueda enviar?

R En octubre de 1999 la Administración del Seguro Social comenzó a enviar declaraciones (o estados de cuenta) automáticamente a los trabajadores de 25 años o mayores de esa edad que todavía no están recibiendo los beneficios del Seguro Social. Su declaración llegará como tres meses antes de su cumpleaños. En el futuro recibirá un estado de cuenta al día todos los años alrededor de la misma época. También puede pedirlo en cualquier momento.

En su estado de cuenta usted verá una muestra de los ingresos que se han reportado al récord de su Seguro Social. También encontrará estimados de los beneficios a los que usted y su familia puedan ser elegibles ahora y en el futuro.

Recibirá una respuesta a su pedido de declaración por correo de dos a tres semanas. La respuesta incluirá: una historia completa de sus ganancias y de los impuestos al Seguro Social y estimados de jubilación, supervivientes y beneficios por incapacidad. Usted puede pedir un estado de cuenta llamando o visitando a su oficina local del Seguro Social llamando al número de tarifa gratis al 800-772-1213 o en línea a:

www.ssa.gov/mystatement/index.htm

P Yo trabajo para una institución financiera y manejo todas las cuentas (cuenta corriente, de ahorros y cuenta de registro) de una anciana. En este momento ella tiene arreglos para que el Seguro Social se le deposite en su cuenta corriente. Me ha pedido que le cierre su cuenta corriente y que le deposite su Seguro Social en su cuenta de ahorros. ¿Cómo hago para hacer estos cambios para nuestra cliente? Ayúdeme por favor.

R La cliente misma debe llamar al Seguro Social al 800-772-1213 y decirles que hagan el cambio a su nueva cuenta. Se recomienda que no se cierre la cuenta anterior hasta que se confirme que los depósitos directos están ingresando en la nueva cuenta.

P Tengo una amiga que tiene 77 años y vive en el estado de Utah. Recientemente se lastimó en el trabajo y posiblemente recibirá una cantidad global por compensación de trabajadores. ¿Qué deberá ella en cuanto a impuestos (federal, estatal y al Seguro Social) si recibe esa cantidad global.

R Generalmente las adjudicaciones de compensación de trabajadores no están sujetas a impuestos porque no representan un ingreso. Son simplemente un reemplazo por algo que se ha perdido. Si se reciben estos beneficios, las prestaciones de jubilación del Seguro Social no se verán afectadas, pero pueden afectar los beneficios por incapacidad si la combinación de ambos (la compensación de trabajadores y la incapacidad) exceden el 80% del promedio de los ingresos. Sin embargo, su amiga, al tener 77 años, está recibiendo beneficios de jubilación.

PTengo 65 años y he estado recibiendo Seguro Social por tres años. Acabo de empezar a trabajar. De mi primer pago, me dedujeron FICA. ¿Está bien? Si es así, se me dará crédito por el dinero que pagué al Seguro Social?

REstá bien. Aunque usted esté recibiendo beneficios del Seguro Social, cualquier ingreso que tenga todavía está sujeto a impuestos del Seguro Social y de Asistencia Médica (Medicare).Si los ingresos en un año de jubilación son mayores que el año anterior más bajo que se usa para calcular la cantidad de su beneficio, entonces el Seguro Social reemplazará las ganancias del año más alto con las del año más bajo. Esto puede tener el efecto de aumentar la suma mensual de beneficios.

La parte de impuestos correspondiente a la Asistencia Médica no aumentará ningún beneficio de Asistencia Médica porque es simplemente un seguro médico. Debido a que puede tomar mucho tiempo para que la Administración del Seguro Social vuelva a calcular su beneficio, si sus ganancias recientes son altas, le sugeriría que lleve su formulario W-2 a la oficina del Seguro Social apenas lo reciba y pida que se lo vuelvan a calcular manualmente. De otra manera, es posible que le tome varios años al Seguro Social para que lo haga.

P He trabajado y tengo derecho a beneficios del Seguro Social a los 62 o a los 65 años. Tengo más de 40 trimestres. En este momento no trabajo. Mi esposo está jubilado del FBI (Departamento Federal de Investigación Criminal). Me dijo que yo no podré recibir los beneficios de mi Seguro Social porque él recibe una pensión federal. ¿Es cierto? Si es así, ¿por qué?

R No es verdad que el empleo de su esposo tenga algún efecto en que usted reciba beneficios del Seguro Social en *su propia cuenta de trabajo.* Usted recibirá su propio beneficio basado en sus propios ingresos, sin importar el empleo de su esposo. Sin embargo, es posible que él no pueda recibir beneficios de esposo en la cuenta suya si recibe una pensión federal porque dos tercios de la cantidad de esa pensión será compensada de cualquier beneficio de esposo que él pueda haber recibido en la cuenta suya.

La ley del Seguro Social ahora es neutral en cuanto al sexo así que el marido es elegible para recibir beneficios de esposo en la cuenta de trabajo de su esposa si la cantidad de su propio Seguro Social es menor que la de la esposa; pero debido a que él recibe una pensión del gobierno, no es probable que haya en realidad nada que pagar debido a esa pensión de jubilación que se obtuvo del gobierno. Creo que su esposo se confundió porque es él el que no puede recibir beneficios en la cuenta de usted, no al revés (no usted en la de él).

P ¿Puede mi esposa recibir beneficios completos a la edad de 62 años? Si no ha trabajado mucho en los últimos quince años, ¿hay alguna "remotísima" idea de cuáles serían esos beneficios?

R Su esposa puede ser elegible para recibir beneficios a los 62 años en su propia cuenta si ha acumulado los 40 trimestres de cobertura. No tienen que ser en los últimos quince años; pueden ser en cualquier época. La cantidad del beneficio se calculará basada en el promedio de los ingresos mensuales indexados. A los 62 años, los beneficios se reducirán porque ella estará bajo la *Edad de Jubilación Completa*. La cantidad de esa reducción depende del año en que haya nacido.

En cuanto a la "remotísima" idea, le puedo decir que el promedio mensual de beneficio a la edad de 62 años para trabajadores con ingresos bajos es de $568 en el año 2002. Para trabajadores con ganancias medianas, el beneficio mensual para el año 2002 sería de $936. Una cifra remota en el caso de su esposa podría ser entre esas dos cifras porque usted dice que no ha trabajado mucho en los últimos quince años.

Por supuesto, dependiendo del récord de sus ingresos actuales, es posible que su beneficio mensual sea hasta menor de $568. Usted puede obtener un estimado escrito del beneficio que le corresponde a su esposa en la Administración del Seguro Social.

PEn septiembre cumpliré 62 años y trabajo tiempo completo. Me casé a los veintidós años, me divorcié y mi exesposo falleció en junio del 2001. Tengo entendido que tengo derecho a recibir beneficios anuales de superviviente bajo su Seguro Social hasta que yo gane $17,500 por año. Puesto que mi salario anual excede esta cantidad, ¿sería posible que recibiera cheques todos los años hasta que mi salario hasta la fecha alcance esa cantidad? Gracias.

RPotencialmente usted es elegible para recibir beneficios de viuda de la cuenta de su ex-esposo por ser esposa superviviente divorciada, suponiendo que usted no se haya casado nuevamente antes de los 60 años. Creo que tiene un malentendido en cuanto a la forma en que sus ingresos afectan los beneficios del Seguro Social. No sé de dónde sacó la cifra de $17,500 (hace algunos años el límite anual para las personas de 65 años o más era de $17,000 por año, así que a lo mejor lo sacó de allí).

La forma en que sus ingresos afectan sus beneficios del Seguro Social está determinada por las ganancias anuales totales en un mismo año para las ganancias que se reciben antes de llegar a la *Edad de Jubilación Completa*. Para aquellos como usted que está por debajo de la *Edad de Jubilación Completa* en el año 2002, la cantidad anual exenta es de $11,280. Si su ingreso anual no excede esa cantidad, entonces puede recibir todos los beneficios del Seguro Social del año. Si sus ganancias anuales sí exceden esa suma, entonces usted pierde $1 de beneficios del Seguro Social por cada $2 de ganancias sobre esa cantidad.

Usted dice que gana más de $17,500 al año. Si, por ejemplo, usted ganara $27,500, eso serían $10,000 en exceso, lo que requeriría que se retuvieran $5,000 de cualquier beneficio del Seguro Social al que usted tuviera derecho. Si los beneficios totales del Seguro Social de ese año exceden los $5,000, entonces usted podría recibir el balance.

Debido a que no sé cuál sería la suma de su beneficio, ni sé cuáles es su ingreso anual, no le puedo decir si podría recibir beneficios por el año 2002. Sin embargo, como va a tener 62 años, debería recibir un estimado de la oficina del Seguro Social para averiguar si podría recibir algunos beneficios aún mientras está trabajando.

☞**NOTA:** Usted puede ser elegible a beneficios en su propia cuenta así como en la cuenta de su esposo. También tiene la opción de recibir beneficios reducidos en una de las cuentas y esperar hasta alcanzar las *Edad de Jubilación Completa* para recibir un beneficio no reducido de la otra cuenta. Para hacer esta decisión, es importante recibir estimados de los beneficios en ambas cuentas.

Se requiere que el personal de la oficina del Seguro Social converse con usted acerca de estas varias opciones; debido a que esto es algo complicado, si usted no se siente cómodo con la persona que lo entrevista en la oficina del Seguro Social, puede pedir hablar con un supervisor.

PEstimado Señor: En este momento cobro Seguro Social debido al fallecimiento de mi esposo hace cuatro años. Mi hija también recibe Seguro Social. En cuanto a mí, comencé a trabajar a tiempo completo y quisiera saber cómo me afectará eso en la parte que saco del Seguro Social. ¿No hay una fórmula que pueda calcularse? ¿Debo ahorrar lo que

tengo que volver a pagarles o me lo comenzarán a deducir todos los meses? Gracias.

R Si usted está por debajo de la *Edad de Jubilación Completa*, entonces sus ingresos afectarán los beneficios que usted recibe. Me imagino que usted es una viuda joven porque tiene una niña que también recibe dinero de esa cuenta. La cantidad que usted puede ganar en el 2002 sin que afecte sus beneficios es de $11,280. Si gana más de esa suma, entonces perderá $1 en beneficios del Seguro Social por cada $2 sobre el límite. Debe reportar al Seguro Social si espera que sus ingresos anuales excedan la cantidad exenta. Le retirarán los beneficios basándose en ese estimado. Después que reciba sus verdaderos ingresos por ese año, puede presentar su reporte anual al Seguro Social. Estas sumas pueden ajustarse. Si usted quiere evitar el tener que devolverle dinero al Seguro Social después del reporte anual, tendría que ser lo más exacta posible al dar su estimado de ingresos por el año.

P Quisiera saber por qué nunca han aumentado la cantidad que el Seguro Social le da a uno cuando fallece un ser querido. Con el costo del funeral, es un peso terrible para una persona con un ingreso fijo. ¿Por qué no dan el último cheque que el fallecido tenía que recibir?

R La suma total de $255 como beneficio por fallecimiento no ha sido cambiada por lo menos en los últimos 30 años. Esto es un asunto legal que debe decidir el Congreso. Estoy de acuerdo que $255 apenas parece adecuado. De hecho, el Congreso ha restringido la disponibilidad del pago de la suma total por fallecimiento para que la reciban solamente las viudas o viudos que sobrevivan y no otros familiares u otras personas, aún a quienes estén pagando el funeral.

En cuanto a su comentario sobre el último cheque que el fallecido tendría que recibir, no se paga porque los beneficios del Seguro Social terminan con el mes de la muerte y los cheques se pagan atrasados. El cheque que se recibe en cualquier mes es, en realidad, el pago para el mes anterior. Por lo tanto, no es pagable porque se termina el derecho a recibir ayuda social.

PEn la actualidad estoy trabajando a tiempo parcial y contribuyendo al Seguro Social y a la Asistencia Médica (Medicare). Mi pregunta es: ¿Tengo derecho a un aumento en mis beneficios mensuales? Si es así, ¿cómo se calculan? Gracias por su tiempo.

RPuede ser que usted tenga derecho a un incremento en sus beneficios mensuales si sus ingresos presentes son mayores que las ganancias del año más bajo usadas en el cálculo de sus beneficios. Generalmente, se utilizan treinta y cinco años para calcular los beneficios del Seguro Social. Uno de esos años en un pasado muy lejano puede muy bien haber sido más bajo que sus ganancias presentes. Si no, entonces no habrá aumento en sus beneficios mensuales.

Yo, en su lugar, no esperaría un aumento debido a que usted está trabajando a tiempo parcial. Si hay algún aumento, será mínimo, quizás unos pocos dólares. El Seguro Social lo calcula automáticamente cuando se contabilizan las ganancias en el récord de ingresos. Luego el Seguro Social lo compara con el dinero de la cuenta bancaria del beneficiario.

Este proceso generalmente toma varios años. Así que si quiere apurar cualquier posible cálculo nuevamente, lleve su formulario W-2 u otra evidencia de ingresos a la oficina del Seguro Social para pedir que le hagan un nuevo cálculo manualmente. Si se hiciera a mano, tomaría unos cuantos meses en vez de unos cuantos años.

PTengo 54 años y quisiera saber mis beneficios del Seguro Social a los 62 y a los 65 años de edad. Una vez, en línea me encontré con una aplicación de software, la cual, basada en el ingreso anual y en la edad de jubilación, calcula los beneficios del Seguro Social. ¿Me podría aconsejar sobre ese sitio web si, por supuesto, todavía existe. Muchísimas gracias.

REl Seguro Social tiene un sitio web bastante amplio al que usted puede entrar en el **www.ssa.gov** donde encontrará una conexión de un calculador de beneficios al que puede tener acceso. En términos generales, yo le puedo dar las cantidades promedio de beneficios de jubilación para trabajadores con ganancias altas y ganancias máximas sobre el curso de su vida de trabajo.

Para trabajadores con ganancias máximas en el año 2002, los beneficios a los 62 años son de $1,382 por mes, y a los 65 años de $1,660 por mes. Para trabajadores con un promedio alto de ganancias es de $1,224 a los 62 años y de $1,467 a los 65 años. Estas, por supuesto, son sumas aproximadas, pero le dan una idea de las cantidades de beneficios para trabajadores con ganancias altas y máximas.

PMi esposo se va a jubilar en un año y ha tenido una restitución de una válvula de la aorta. Ahora tiene 57 años de edad. Nos han dicho que al jubilarse calificará para Seguro Social completo. ¿Es cierto? Gracias por su ayuda.

RNo suena como que fuera verdad, excepto que esté totalmente incapacitado. El beneficio del Seguro Social se paga por completo a la *Edad de Jubilación Completa*, la cual es fijada por la ley y depende en su año de nacimiento. Su esposo, por tener 57 años en el 2002, debe haber nacido en 1945. Para las personas nacidas en 1945, la *Edad de Jubilación Completa* es a los 66 años. Cualquier beneficio del Seguro Social que reciba antes de esa fecha será reducido. A los 62 años, esa reducción vendría a ser de un 24.17% de reducción del beneficio completo.

Sin embargo, si su esposo califica para los beneficios de incapacidad del Seguro Social, entonces en cuanto al cálculo de los beneficios, su cantidad será la misma que si cumpliera 66 años el año que quedó incapacitado.

Además, cuando se otorgan los beneficios por incapacidad, se produce un congelamiento en el récord de las ganancias para poder calcular los beneficios. Quizás eso es lo que usted estaba pensando. Le sugeriría que él considere presentar su petición por incapacidad al Seguro Social aún cuando se está jubilando. La verdadera pregunta es si él está físicamente capacitado para continuar trabajando. Hay muchas ventajas al tener derecho al Seguro Social por incapacidad, incluyendo el derecho a cobertura de Asistencia Médica Social después de 24 meses de tener derecho al beneficio por incapacidad. Le deseo a usted y a su esposo la mejor de las suertes con este asunto.

P¿Podría, siendo mujer y a la edad de 62 años, recibir Seguro Social e indemnización por cese de empleo al mismo tiempo?

R Sí. Por ser mujer a los 62 años, usted puede recibir Seguro Social e indemnización al mismo tiempo. Su sexo no tiene nada que ver con el tema porque el Seguro Social es neutral en cuanto al sexo ahora. A la edad de 62 años, si está recibiendo beneficios de jubilación del Seguro Social, sus ingresos, si están sobre la cifra exenta anual, causarán una reducción de $1 de beneficios del Seguro Social por cada $2 sobre el límite exento.

La indemnización, que se recibe por cese de empleo debido a que uno se jubila, no es considerada como ganancia para propósitos del test de ingresos, aunque puede estar sujeta a impuestos del Seguro Social. Por lo tanto, la indemnización no afectará la suma en beneficios del Seguro Social que usted pueda recibir.

PQuisiera saber si una ex-esposa de diez o más años recibe parte del Seguro Social. ¿Significa eso que la cantidad mensual que uno recibe disminuye?

R No. El derecho de una ex-esposa no tiene efecto alguno sobre su beneficio ni en el de ningún familiar que esté recibiendo beneficios de su cuenta. Ella puede recibir beneficios de su cuenta como ex-esposa, pero los otros beneficios pagables de la cuenta no se reducirán.

PPronto me jubilaré a los 55 años. Se me penalizará cuando me presente para recibir el Seguro Social a los 62 años? Ejemplo: El estado de cuenta de la Administración del Seguro Social dice que a la edad de 62 años todavía debo sacar $1,230 al mes. Si me jubilo del trabajo a los 55 años, ¿podré todavía recibir $1,230 a la edad de 62 años cuando presente el Seguro Social?

RDebe mirar el estado de cuenta con cuidado. Muchas veces esos estimados suponen que usted va a continuar ganando salarios en una cantidad proporcionada a sus ganancias anteriores hasta el momento en que usted solicite el Seguro Social. En su caso, si la cantidad de $1,230 por mes está basada en la suposición de que continúe teniendo ingresos, entonces la cantidad actual de beneficio o prestación será menor a los 62 años porque usted tendría aproximadamente cero ganancias durante siete años.

La cantidad del beneficio se calcula basada en las ganancias promedio indexado mensualmente por treinta y cinco años. Generalmente los últimos años son los más altos, así que probablemente no le afectarán la cantidad de su prestación si se retira a los 55 años. Puede pedirle a la Administración del Seguro Social que le vuelva a calcular el estimado de sus beneficios basado en la suposición de que no haya ingresos después de los 55 años para tener una cifra más exacta.

P ¿Cuál es la máxima cantidad del pago del Seguro Social para el 2002?

R Depende a lo que usted se refiera. La cantidad máxima de beneficios del Seguro Social para un jubilado de 65 años es de aproximadamente $1,600. En 12 meses esto viene siendo $19,920. Si la esposa tiene derecho en la cuenta, es posible que se agregue un 50% a esa cantidad.

Si está hablando de ingresos anuales sujetos a impuestos del Seguro Social, entonces la cantidad para el 2002 es de $84,900 por la porción del Seguro Social (6.2% para el empleador y 6.2% para el empleado). La porción de la Asistencia Médica (1.45% para el empleador y 1.45% para el empleado) no está limitada y se paga sobre los ingresos actuales.

Si se está refiriendo a la limitación en los ingresos con relación a los beneficios, entonces para los que alcancen la *Edad de Jubilación Completa* en el 2002, la suma exenta de ingresos es de $30,000 al año. Para aquellos bajo la *Edad de Jubilación Completa*, la cifra anual exenta es de $11,280 por año.

P Tengo entendido que puedo recibir 37.5% del seguro social de mi ex-esposo cuando tenga 62 años y 50% cuando cumpla 65 años. Estuve casada más del límite de diez años. Ahora tengo curiosidad por saber cuánto recibiría al nivel de los 62 y de los 65 años. Necesito esa información para decidir en que año me jubilaré.

R Debe averiguar con el Seguro Social la verdadera cantidad en dólares. Necesitará identificar a su ex-esposo. Si no tiene el número de su Seguro Social, deberá presentar la fecha de nacimiento de su esposo, su nombre completo y cualquier otra información personal para que ellos puedan obtener su récord. Usted puede requerirle al Seguro Social ese estimado del beneficio en su récord. Les tomará algunos meses darle esa información a usted.

P **Escribo para averiguar cómo los cheques mensuales de mi papá se verán afectados porque él se vio forzado a vender su parte en la empresa de acciones para la que trabajaba. Mi padre se vio forzado a jubilarse porque tuvo cáncer al pulmón y después cáncer al cerebro, todo en dos años. Puesto que esto era su medio de vida, se tuvo que jubilar. ¿Le afectará esto sus cheques mensuales del Seguro Social? Gracias.**

R Depende de qué edad tenga su padre. Si tiene más de 65 años, sus beneficios no se verán afectados. Si es menor de 65 años, el beneficio de jubilación será menor si tuviera años con cero ganancias. El Seguro Social utiliza las ganancias promedio indexadas mensualmente sobre un período de treinta y cinco años para calcular los beneficios.

Su papá debería solicitar el Seguro Social por incapacidad porque eso le congelaría el récord de sus ganancias. En cuanto al cálculo de los beneficios, sería lo mismo que si cumpliera 65 años (o la *Edad de Jubilación Completa*) en el año en que quedó incapacitado.

P Mi hermana tiene 65 años y está recibiendo Seguro Social. Recientemente, su esposo se jubiló y también está recibiendo Seguro Social. Debido a que su esposo ganó mucho dinero antes de jubilarse, ella no ha recibido un cheque por el mes de marzo. ¿Por qué se la penaliza a ella en lugar de a él? ¿Qué tiene que ver el salario de él con el cheque del Seguro Social de ella? Se apreciará mucho su respuesta. Muchas gracias.

R Bajo la ley del Seguro Social, las ganancias de un trabajador afectan a todos los beneficiarios que reciben beneficios sobre su cuenta si él sobrepasa el límite anual. Si la esposa recibe de su propio récord de ganancias, entonces las ganancias del esposo no afectan esos beneficios. Debido a que alguno o todos los beneficios del Seguro Social que ella recibe están basados en su derecho de esposa, los ingresos de él afectan los beneficios de ella..

P ¿Podría aconsejarnos cómo podemos conseguir uno de las formas de depósito directo para el cheque del Seguro Social de mi suegra? Nunca la hemos podido convencer de que haga depósito directo, pero ahora está llegando al punto en el que no puede salir para cobrar su cheque. ¿Hay alguna forma en el Internet que podamos imprimir o es que el banco tiene alguna? Le agradeceré su respuesta.

R Pueden obtener esa forma tanto en el banco como en el Internet. Al banco le complacerá hacer arreglos para que el dinero del Seguro Social se deposite directamente en su cuenta, así que aprovechen y déjenlos hacer su trabajo puesto que ellos se beneficiarán de eso. Si usted prefiere, puede pedir la forma a la Administración del Seguro Social al 800-772-1213 o la puede bajar del Internet en línea en él:

www.ssa.gov/deposit/

P Mi suegro está recibiendo Seguro Social y tiene 79 años. Me pidió que busque en su cuenta y vea lo que debería estar recibiendo a esta edad. Dice que su hermano y su hermana están recibiendo más que él. ¿Hay alguna manera que podamos averiguar lo que debería estar recibiendo? Es español y habla poco inglés. Gracias.

R A los 79 años supongo que su suegro ha estado recibiendo el Seguro Social al menos por diez o quince años. Cuando recién calificó para el Seguro Social, recibió una carta de adjudicación mencionando la cantidad de su beneficio o prestación. Cada año después de haber sido certificado, recibió un ajuste de acuerdo al costo de vida. Si trabajó después de haber sido certificado, cualquier ingreso adicional, si fue más alto de lo que se usó años anteriores para calcular su beneficio, aumentaría la cantidad de su prestación.

Puede ir a la oficina local del Seguro Social con él y pedir una explicación del cálculo de sus beneficios. El personal del Seguro Social podrá obtener el récord de sus ganancias y mostrarle en papel cuantos años se usaron y cuáles fueron los ingresos durante esos años.

Es muy posible, y hasta factible, que su hermano y su hermana estén recibiendo cantidades diferentes porque cada prestación o beneficio se calcula basándose en el récord personal de las ganancias de cada trabajador. Si su hermano y hermana ganaron más que él, entonces sus prestaciones serán más altas. Además, es posible que dos personas con la misma cantidad de ingresos reciban diferentes cantidades dependiendo del año en que hayan nacido.

Al pasar de los años, el Seguro Social ha ajustado el cálculo de beneficios para poder tomar en cuenta varios factores, incluyendo la viabilidad financiera del programa a largo plazo. Como resultado, la cantidad de prestaciones puede variar, pero si va a la oficina del Seguro Social seguramente le darán una respuesta satisfactoria. Tendrá que llevar a su suegro con usted porque al Seguro Social le está prohibido divulgar información a terceras personas sobre un beneficiario, excepto que usted haya sido asignado como su representante. Es más fácil que lo lleve con usted a la oficina del Seguro Social.

P Mi esposo cumplió 62 años el 7 de enero. Presentamos la aplicación para el Seguro Social. Mi pregunta es: No recibimos el primer cheque hasta el 13 de marzo. ¿No es elegible desde el 7 de enero? Me parece que no se le pagó por enero ni febrero, o es que marzo es lo más rápido que pueden comenzar a pagar?

R No le pueden pagar beneficios a su esposo por el mes de enero porque no tenía 62 años durante todo el mes. Bajo un cambio en las leyes del Seguro Social hace unos años, se agregó un nuevo requisito para estipular que no se pague la prestación en el mes que uno cumple 62 años. Tiene que tener 62 años durante todo el mes, así que el primer mes al que su esposo tiene derecho de ayuda social es en realidad febrero. El Seguro Social paga los cheques *atrasados*, por lo que el pago de febrero no se vence hasta marzo que es cuando se pagó.

P ¿Cuál es la cantidad máxima en dólares que paga el Seguro Social?

R Para un jubilado que cumple los 65 años en el 2002, la cantidad máxima es de $1,660 al mes. Si el trabajador está casado, la esposa puede recibir hasta la mitad de esa cantidad de la cuenta de él.

P Mi tía abuela falleció hace poco. Su hermano estaba viviendo con ella y se mudó hace poco con mi tía. Desde entonces, él no ha recibido los cheques de su Seguro Social. ¿Cómo consigo llevar a cabo el cambio de dirección y el reemplazo de los cheques? ¿Hay algún número telefónico que pueda marcar?

R La Administración del Seguro Social tiene un número de tarifa gratis en el ámbito nacional que es 800-772-1213. Además, puede contactarse con su oficina local del Seguro Local en persona o por correo. Para encontrar la oficina del Seguro Social más cercana puede mirar en la sección de las páginas azules del directorio telefónico bajo "Government de los EE.UU" o puede pedir la dirección de esa oficina en su correo local.

P Debido al golpe del 11 de septiembre y de que muchas personas han perdido su trabajo, no puedo encontrar ni siquiera un trabajo a tiempo parcial. Me falta un crédito para tener los 40 trimestres que necesito para calificar para el Seguro Social. ¿Hay algo que se pueda hacer en esta situación?

R Lo único que puede hacer es obtener empleo con cobertura por un trimestre más. Si no tiene los 40 trimestres de cobertura, no será elegible para recibir beneficios de jubilación. Para el año calendario 2002 debe ganar $870 por cada trimestre en que esté cubierto.

P **Vivo en el estado de Rhode Island y mi suegra recibe Seguro Social. Hace unos seis u ocho meses, cobró $20,000 del fallecimiento de su ex-esposo y nunca lo declaró. En vez de eso, ella escondió el dinero bajo el nombre de su hijo y lo ha estado gastando desde ese entonces. ¿Hay un departamento de fraude dentro de la división del Seguro Social que se pueda contactar?**

R No estoy seguro qué fraude usted sospecha que haya cometido su suegra. Ella puede cobrar Seguro Social y recibir también una prestación por fallecimiento de la cuenta de su ex-marido. ¿Por qué usted sospecha que ella ha cometido fraude contra la Administración del Seguro Social? Si recibe un Seguro de Ingreso Suplemental (SSI), el cual es un programa basado en necesidad, entonces sería considerado fraude, pero si cobra el Seguro Social regular, el recibir un beneficio por fallecimiento de otra fuente no le afecta en absoluto a su prestación.

Yo me fijaría con un poco más de cuidado antes de hacer acusaciones contra su suegra, pero si usted sinceramente cree que existe fraude, lo puede reportar a la Administración del Seguro Social llamando al 800-269-0272. Antes de hacer eso, debe juntar todos los hechos y detalles porque le van a hacer preguntas muy específicas.

PMi pregunta es acerca de una niña de cinco años que recibe Seguro Social desde el fallecimiento de su papá, pero su mamá utiliza el dinero para su uso personal. Lo que yo quisiera saber es si la madre tendría que usar ese dinero para la niña y ponerle parte en un fondo monetario?

REl portador del beneficiario del Seguro Social, aún cuando sea la madre, es responsable de utilizar los fondos para las necesidades del niño(a). Esto puede incluir comida, ropa, abrigo y gastos médicos. Si sobra algo de este dinero, entonces se puede ahorrar en una cuenta asegurada para el beneficio del niño(a). Si el dinero es insuficiente para que queden ahorros, entonces todas los fondos pueden usarse para beneficiar al niño(a).

Si usted sospecha que se está usando el dinero incorrectamente, por supuesto que puede reportarlo a la Administración del Seguro Social. Sin embargo, en el caso de la madre natural con el niño(a) en la casa, es perfectamente apropiado usar los beneficios del Seguro Social para los gastos de funcionamiento de la casa donde el niño(a) vive, especialmente cuando la cantidad es modesta.

Por supuesto que la solicitud de beneficios del Seguro Social para una porción de los gastos de la casa debe estar basada en una parte razonable que represente la contribución del niño(a) en los gastos de la casa. Aún si hay una contribución medio desproporcionada de los beneficios del niño(a) en el hogar, esto también estaría justificado si contribuye a la estabilidad y el bienestar total de la unidad familiar porque el niño(a) se beneficia de un hogar estable.

P Me gustaría saber acerca de la contribución a las rentas (subsidio de alquiler), cómo funciona y también quién tiene derecho a ella. Gracias.

R El Seguro Social no provee ninguna contribución (subsidio, impuesto) a las rentas. Los beneficios del Seguro Social son exclusivamente en efectivo aparte de la Asistencia Social (Medicare) que proporciona seguro médico y de hospital. Hay otros programas federales que proveen impuesto a la vivienda para los necesitados, pero no forman parte de la Administración del Seguro Social.

Le sugeriría que se contacte con el Departamento Federal de la Vivienda y Desarrollo Urbano cuya dirección es 451 7th Street South West, Washington, DC 20410 y el teléfono es 202-708-1112. Buena suerte.

P ¿Cómo hago para que mi hijo califique para el Seguro Social o qué necesito hacer para que él reciba Seguro Social?

R Debe trabajar y ganar suficientes trimestres para ser elegible para las prestaciones o beneficios del Seguro Social en su propia cuenta. Si es hijo(a) menor de edad de un jubilado, incapacitado o trabajador fallecido que tiene suficientes trimestres de cobertura, puede ser elegible a prestaciones de hijo(a). Si está incapacitado(a) antes de los 22 años de edad, también puede ser elegible como hijo(a) adulto incapacitado si es hijo(a) de un trabajador que ha fallecido o de un trabajador asegurado que tiene derecho a los beneficios de jubilación o incapacidad.

PMi papá falleció en Septiembre del 2001. Yo soy hijo único. Estoy casado y como mi mamá está incapacitada, vive conmigo ahora. Yo manejo su dinero. Ella tiene 85 años y recibe un cheque del Seguro Social de $969. Hubo un aumento sobre lo que mi papá estaba recibiendo cuando falleció. Mi pregunta es ¿tiene ella que presentar el impuesto a los ingresos? Esta es su única entrada excepto la de un informe de cuando mi papá ganó $700 jugando al bingo. Gracias por anticipado por su ayuda.

RLos beneficios del Seguro Social no están sujetos a impuestos excepto que el ingreso de un individuo sea mayor de $25,000 o mayor de $32,000 para una pareja. Debido a que el único ingreso de su mamá es menor que eso, aún con las ganancias del bingo, no parecería que haya ningún impuesto sobre las prestaciones o beneficios.

PQuisiera recibir un estado de cuenta sobre mis ingresos al día que se reportan al Seguro Social. Planeo jubilarme dentro de unos cinco años y quisiera saber cuánto podré recibir.

RPuede llamar a la Administración del Seguro Social al 800-772-1213 para requerir un Estado De Cuenta del Seguro Social. También puede pedirlo en línea a la página de la Administración del Seguro Social que tiene calculadores en línea para que pueda obtener su propio estimado. La página está en: http://www.ssa.gov/planners/calculators/htm. Los servicios en línea están disponibles de lunes a viernes desde las 6:00 de la mañana a la 1:00 de la mañana; los sábados desde las 8:00 de la mañana a las 11:00 de la noche y los domingos de 8:00 de la mañana a las 8:00 de la noche.

Por supuesto que también puede dirigirse a su oficina local del Seguro Social durante horas normales de trabajo. (Esto no es lo más conveniente, excepto que viva en una ciudad muy chica). También puede escribir a su oficina local. Hay un localizador de oficinas en línea en el: **http://s3abaca.ssa.gov/pro/fol-home.html** donde usted pone su código postal y recibe la dirección y un mapa con instrucciones.

P **¿Hay alguna forma en que el Seguro Social retenga el impuesto? Mi esposo todavía está trabajando y cobrando, y esto nos ocasiona un peso grande en la época de los impuestos. Gracias por su respuesta.**

R Si realmente quiere permitir que el gobierno use su dinero sin interés antes de que se lo entregue a ellos, puede completar la Forma W-4V (Requisito de Retención Voluntaria) del IRS (Servicio de Rentas Internas). Usted puede escoger qué porcentaje quiere que le retengan, ya sea el 7%, 10%, 15% o el 27%. No puede escoger ningún otro porcentaje, ni siquiera uno fijo. Devuelva la forma a su oficina local del Seguro Social.

P **Quisiera obtener alguna información sobre el Seguro de Ingreso Suplementario (SSI). ¿Cómo se llega a ser elegible y cuáles son las normas que lo guían?**

El *Seguro de Ingreso Suplementario*, también conocido como SSI, se confunde a veces con el Seguro Social, pero es un programa completamente diferente. Parte de la confusión surge del hecho de que la Administración del Seguro Social es una agencia federal que administra ambos programas.

El Seguro de Ingreso Suplementario es un programa de bienestar federal que se puso en efecto hace casi treinta años. Estaba diseñado para proporcionar una cantidad mínima de ingreso a individuos sin importar su trabajo ni ingreso bajo el Seguro Social.

Para recibir este beneficio no se requiere cobertura de trimestres ni tiene ningún otro requisito. Sin embargo, debido a que es un programa basado en la necesidad, el ingreso del beneficiario, ya sea ganado o no ganado, afectará su elegibilidad. Además, si los haberes (el capital) están sobre cierta cantidad, contribuirá a que la persona sea inelegible, pero no todo el capital cuenta. El Seguro de Ingreso Suplementario está diseñado para los ancianos, ciegos o incapacitados con necesidades limitadas. La cantidad del pago mensual depende del arreglo de vivienda que tenga el beneficiado.

Generalmente hablando, si el capital del individuo es mayor de $2,000 (sin contar la residencia ni el vehículo), entonces la persona no puede ser elegible para el Seguro de Ingreso Suplementario. Para una pareja, la cifra es de $3,000. Las cifras del pago federal son muy modestas. Para un individuo en el año 2002, la suma es de $545 por mes y se pueden deducir de esa cantidad cualquier entrada de otras fuentes.

El programa del Seguro de Ingreso Suplementario es muy complejo. Los pagos pueden variar mucho dependiendo del tipo de ingreso, el número de personas que viven en la casa y el tipo de capital que la persona posea. Además, varios estados suplir la cantidad del beneficio federal y tienen sus propios requisitos en cuanto a la disposición de la vivienda y otros juicios.

PMi padre tiene una pregunta rápida con relación al Seguro de Ingreso Suplementario. ¿Puede recibir desempleo mientras está cobrando del Seguro de Ingreso Suplementario? Gracias.

REl Seguro de Ingreso Suplementario es un programa federal basado en la necesidad y está administrado por el Seguro Social. Todas los ingresos se toman en consideración y afectan el beneficio que se recibe del Seguro de Ingreso Suplementario. Él puede tener derecho a recibir ambos, pero si el desempleo es mayor que el Seguro de Ingreso Suplementario, éste último puede suspenderse o reducirse mientras cobra el desempleo.

9.

Los Pagos de Impuestos del Seguro Social

Los fondos de los beneficios (prestaciones) del Seguro Social y de Asistencia Médica (Medicare) provienen de los impuestos de FICA, que se retienen de las ganancias de los trabajadores de empleos que tienen cobertura. La tasa total de impuestos es de un 15.3%. Si usted es un empleado, la mitad de esa suma la paga el empleador y la otra mitad se deduce de su cheque de pago. Si es un trabajador independiente, debe pagar la suma completa 15.3 %, usted mismo. Las ganancias máximas sujetas a la porción de impuestos del Seguro Social son de $84,900 per annun (por año). La porción del impuesto sobre la nómina (planilla de sueldos y salarios) es del 12.4 %. El resto es la porción de Asistencia Social (Medicare) (2.9%) y se deduce del total de las ganancias sin límite. La mitad (1.45%) la paga el empleador y la otra mitad el empleado.

Cuando usted recibe beneficios del Seguro Social tiene que pagar un impuesto a los ingresos sobre una porción de los beneficios. Si hace la petición como único contribuyente y su ingreso total, incluyendo ingresos exentos de impuestos que provienen de otras fuentes, exceden los $25,000 per annun, debe pagar impuesto a los ingresos sobre el 50% de los beneficios del Seguro Social en exceso de esos $25,000 del total de sus ingresos. Si las prestaciones del Seguro Social exceden los $34,000 de ingreso total, debe pagar impuestos sobre 85% de sus beneficios de Seguro Social. Para una pareja las cifras son mayores:

$32,000 *de suma inicial;* $32,000 *por el nivel del 50% excedente; y* $44,000 *por el nivel del 85% excedente.*

Si usted está trabajando y recibiendo prestaciones del Seguro Social, debe pagar impuestos sobre sus ganancias tanto como impuesto a los ingresos de beneficios del Seguro Social, si éstos exceden esos niveles.

PPor favor, me podría decir cuál es la suma de salario máximo que se pagan los beneficios del Seguro Social para el año 2001 y también para el 2002 Gracias por su atención a mi pregunta.

RLas ganancias máximas sujetas al impuesto FICA (impuesto del Seguro Social) son de $80,400 en el 2001 y $84,900 en el 2002.

NOTA: La porción de Medicare (1.45%) no tiene límite. El beneficio máximo mensual de los trabajadores que cumplen los 65 años de edad en el 2001, es de $1,536 por mes y de $1,660 por mes para el 2002.

PMe contactó uno de nuestros antiguos empleados diciéndome que su número de seguro social estaba incorrecto en su formulario W-2. Estaba preocupado pensando que la retención de Seguro Social no se aplicara a su cuenta. ¿Qué debo hacer para corregir este error? Él ya no trabaja con nosotros y ya he presentado todos mis formularios al IRS.

Usted debe presentar al IRS una enmienda en la declaración de impuestos sobre la nómina (planilla de sueldos) para corregir el número. Debería indicar en el formulario que éste es la forma "corregida". También puede rehacer un W-2 con el número correcto del Seguro Social de su antiguo empleado, indicando en el formulario que éste es el "No. de SS corregido". De esa manera, el ex empleado tendrá un registro (récord) de sus ganancias. Puede también advertirle a su ex empleado que averigüe con la Administración del Seguro Social en un par de años, para asegurarse que el récord de él ha sido enmendado.

Es una buena idea, en general apara todos los empleados, revisar sus registros de salarios del Seguro Social en la Administración del Seguro Social cada tres años, porque se cometen errores todo el tiempo. Hay formularios de revisión para corregir información en las Formas W-2 y W-3 (la Forma W-3 es la que se usa para transmitir la información del W-2 al gobierno)

Para presentar correcciones a la Administración del Seguro Social se utilizan los Formularios W-2c y W-3c. Puede requerirlos llamando al 800-829-3676, como así también si desea solicitar instrucciones adicionales. No debería utilizar los formularios del IRS, para hacer este tipo de correcciones con el Seguro Social.

PPor favor, dígame si hay algunos cambios en la tasa de impuestos del Seguro Social para el año 2002.

RLas tasas de impuestos se mantienen igual al 7.65 % para un empleado, igualada por el empleador y al 15.30 % para un trabajador independiente. La porción de Medicare es de 1.45% (2.9% para el trabajador independiente). La cantidad máxima de ingresos imponible (sujeta a impuestos) ha aumentado para propósitos del Seguro Social y en el año 2002 es de $84,900. Sin embargo, no hay límite sobre la suma de ganancias sujeta a los impuestos de Medicare.

PEn 1993 trabajé para el Ministerio de Defensa a tiempo completo. Mi esposa también trabajó allí. Cuando recibimos nuestro reporte de ganancias del Seguro Social mostraba que no habíamos contribuido ningún dinero al Seguro Social Los dos presentamos impuestos ese año y no estábamos casados en esa fecha. ¿Qué deberíamos hacer ya que la base se encuentra cerrada? Esto afectará la entrada de mi Seguro Social y es importante.

RGeneralmente hablando hay un estatuto de limitaciones para las correcciones del registro de ganancias. Este estatuto de limitaciones es de tres años, dos meses y quince días después del año en el cual se pagó el salario. No obstante, se puede encontrar una excepción donde usted haya presentado una devolución de impuestos y reportado sus ganancias antes del final del tiempo de limitación. Así es que usted podrá corregir su récord de ganancias llevando su declaración de impuestos a la Administración del Seguro Social. Una vez allí les pide que corrijan sus registros para que así se reflejen sus ganancias reales.

PEl empleador de mi esposo desea cambiarle la forma de pago y no quiere quitarle ningún impuesto ni Seguro Social. Entiendo que nosotros tendremos que pagarlos sobre su salario en época de impuestos, pero ¿Cómo afecta eso al Seguro Social? ¿Tendremos nosotros que pagar en eso también o simplemente parecerá que él nunca trabajó durante el tiempo que estuvo en esa compañía? ¿Tiene el empleador que pagar el Seguro Social de los empleados? Gracias.

RAl empleador se le requiere por ley que contribuya no sólo con las deducciones del pago del empleado sino que también iguale la suma de los impuestos del Seguro Social a fin de que el empleador pague la mitad de los impuestos totales de FICA. La cantidad de esos impuestos totales incluyendo Medicare es del 15.3%. Si usted está empleado, su empleador paga el 7.65% y usted paga el 7.65%.

Lo que el empleador está tratando de hacer aquí es evitar la obligación legal y pasársela a usted. Si su esposo es en efecto un *empleado*, en lugar de un *trabajador independiente*, entonces lo que el empleador está tratando de hacer es ilegal. Un empleado es alguien que está bajo el control del empleador cumpliendo horarios, medios y métodos de trabajo. Un trabajador independiente establece sus propias reglas y usualmente provee sus propias herramientas, equipos y materiales.

Muchos empleadores tratan de decirles a sus empleados que son trabajadores independientes, así ellos se evitan tener que pagar no solamente los impuestos de FICA sino también la compensación de trabajadores, las prestaciones por incapacidad, compensación por desempleo y los impuestos u otras obligaciones que tienen los empleadores.

Presumiblemente, su esposo teme perder su trabajo. No obstante, puede ser una buena idea que se busque otro empleo. Si el empleador falla en retener y pagar los apropiados impuestos de los ingresos de su esposo, usted le puede solicitar a la Administración del Seguro Social que corrija los registros de ingresos, pero lo debe hacer oportunamente y necesita hechos, evidencia y pruebas de la verdadera relación. Si el Seguro Social establece que la relación es la de empleado-empleador, en vez de trabajador independiente, entonces ellos pueden hacer esa determinación y reportarlo al IRS, quienes se ocuparán de recaudar los impuestos del empleador y le acreditarán a su esposo el dinero de pago. Sin embargo esto suena como una situación engorrosa.

P ¿Hay una cantidad máxima de dinero que se pague cada año en las contribuciones del Seguro Social? Tengo un amigo que recientemente recibió una devolución de dinero de la oficina de prestaciones del Seguro Social, porque le informaron que habían recaudado demasiado de él por ese año. Por tal motivo, le devolvieron el exceso de pago. Soy soltera y tengo 31 años de edad. Mi madre aún continua trabajando y tiene 59 años de edad.

RLas ganancias máximas sujetas a impuestos del Seguro Social por el año 2002 son de $84,900. Si uno tiene más de un empleador, es posible que los empleadores combinados hayan retenido más de lo que deberían haber retenido y esa sería la razón por la que su amigo está recibiendo devolución de dinero.

En los impuestos del Seguro Social, no hay límite sobre la porción de Medicare. El porcentaje de la porción de impuestos de ayuda médica es igual al 2.9%, sobre todas las ganancias. La mitad la paga el empleador y la otra mitad el empleado. Si usted es un trabajador independiente, debe pagar la porción íntegra usted misma.

PResido en Louisiana y tengo dos preguntas: 1. ¿Cuál es el salario mínimo dentro de determinado año que una persona debe ganar y pagar Seguro Social para calificar como una contribución oficial de un cuarto de año o existe un mínimo total?

2. Soy ministro ordenado (religioso) y actualmente estoy exento de Seguro Social. Sin embargo, tengo un negocio adicional que no está relacionado con mi trabajo de ministro y está establecido como una Corporación S. ¿Puedo comenzar a pagar las contribuciones del Seguro Social sobre mis ganancias del negocio y no sobre mi salario como ministro? No tengo 40 cuartos, por lo tanto deseo comenzar a pagar el Seguro Social solamente sobre los ingresos del negocio. Si así fuera ¿Cómo hago para realizar la gestión?

R Usted deba ganar $870 de salario para obtener crédito por un cuarto de cobertura. Por un año calendario debe ganar cuatro veces eso para obtener crédito por los cuatro cuartos completos. Sin embargo, no le pueden acreditar por un cuarto futuro, aunque sus ingresos en la primera parte del año excedan la suma anual. Si sus ingresos anuales ese año son de al menos $3,480, usted tendrá derecho a que le acrediten cuatro cuartos ese año. Si bien, como usted ha notado, no le pueden acreditar un cuarto hasta que actualmente éste se obtenga a su tiempo. De otra manera, no importa cuándo usted haya efectuado esas ganancias, mientras haya ganado la cantidad anual, puede recibir los cuatro cuartos por ese año.

En su caso, usted puede ganar créditos del Seguro Social por un trabajo que no tenga relación con su exento empleo de ministro. Para obtener créditos usted deberá presentar una declaración de impuestos que lo identifique como ganando un salario. Dado que su negocio está estructurado como una Corporación S y las utilidades están distribuidas para usted como dividendos, tendrá que hacer algunos ajustes en el formulario de su negocio. Le sugeriría que consulte con un contador para asegurarse que las ganancias y distribuciones de su Corporación S sean reportadas como salarios para la Administración del Seguro Social para propósitos de obtener los créditos del Seguro Social.

En un caso normal, el empleador reporta los salarios al Seguro Social o si la persona trabaja por cuenta propia, se adjunta a la declaración de impuestos el formulario C, reportando los ingresos netos del trabajador independiente, el cual el IRS se encargará de comunicar a la Administración del Seguro Social. Está permitido ganar créditos del Seguro Social por trabajo que está cubierto por el Seguro Social, aunque usted puede también tener un empleo en un negocio que no le cubre. Por supuesto que usted solamente recibirá los beneficios del Seguro Social basados en el empleo que está cubierto por el Seguro Social.

P¿Cómo hace una persona para pagar el impuesto del Seguro Social si gana ingresos que no están reportados en el Formulario W-2, pero que se han reportado en el Formulario 1099-MISC?

RLos ingresos ganados como los denominados "ingresos 1099" pueden ser ingresos de un trabajador independiente, en cuyo caso deberá completar un Formulario C con su declaración de impuestos. Usted tendrá que pagar sus propios impuestos sobre sus ingresos. Frecuentemente, un empleador, para evitar pagar de la nómina de impuestos (o planilla) el FICA y otros costos, tales como compensación de trabajadores y seguro por incapacidad, le otorgan al trabajador el formulario 1099 en lugar del W-2. Si usted es realmente un empleado y no trabaja por cuenta propia, puede pedirle al Seguro Social que le corrija su récord de ingreso haciendo una determinación de su estatus.

P¿Cómo puede hacer una persona para que le saquen del sistema del Seguro Social? ¿Puede enviarme alguna información respecto a cómo y dónde puedo obtener esos datos?

R Si bien es cierto que los impuestos del Seguro Social (FICA) son ganancias que la ley y las regulaciones denominan "contribuciones", no hay nada voluntario por parte de ellos. Si no se pagan, el IRS le demandará, embargará, confiscará y hasta pueden ponerle en la cárcel. Depende totalmente del Congreso cambiar la ley.

10.

La Tarjeta del Seguro Social, el Número, y el Robo de Identidad

Se le asigna un número de Seguro Social a cada individuo para registrar sus ingresos y para monitorear (controlar) los beneficios pagados por el programa del Seguro Social. Comúnmente el comercio usa esos números con el propósito de identificación. El Seguro Social no tiene control sobre la revelación del número del Seguro Social una vez que usted se lo haya dado a una tercera persona. No es necesario tener físicamente la tarjeta en su poder si sabe el número.

Para que le asignen un número, es mandatoria una entrevista personal en la oficina del Seguro Social si el solicitante tiene dieciocho años de edad o es más. Si el individuo no se puede presentar en la oficina, el Seguro Social puede concederle una visita en su casa. Para ello necesitará evidencias para comprobar su edad, identidad y ciudadanía. Si solamente necesita una duplicado de su tarjeta, nada más debe probar su identidad.

Dado que los números del Seguro Social son comúnmente usados por el comercio, es muy fácil hacerse pasar por alguien usando su número. En los últimos años ha habido un aumento significativo de lo que regularmente se conoce con el nombre de "robo de identidad". Los ladrones utilizan esos números del Seguro Social para obtener tarjetas de crédito fraudulentas y perpetrar otras estafas financieras. Si usted ha sufrido perjuicios a raíz de que alguien ha utilizado su número, puede solicitar un número nuevo. Debe convencer a la Administración del Seguro Social que usted ha hecho todo lo posible para solucionar el problema antes de que le asignen un nuevo número. El Seguro Social no le asignará un número nuevo si lo desea para evitar responsabilidad legal, evitar un mal récord de crédito o para presentar bancarrota.

P **Tengo válidas razones para creer que alguien pudo haber dado con mi número de Seguro Social y lo está usándolo para obtener tarjetas de crédito, hipotecas o préstamos bancarios, etc. ¿Cómo puedo comprobar si esto realmente está pasando?**

R Se puede comunicar con la línea de emergencia para fraudes al 800-269-0271. Además puede contactarse a la línea de emergencia de robo de identidad de la Federal Trade Commision * al número 877-438-4338.

*En EU es la agencia gubernamental que regula y supervisa métodos y prácticas comerciales (Diccionario Simon & Schuster's Internacional).

P **¿Está bien que cubra la tarjeta del Seguro Social con un laminado plástico?**

R Usted puede hacer lo que le plazca con su tarjeta de Seguro Social. El número es lo que importa, no la tarjeta en sí. Si tenerla laminada es importante para usted, ¡Adelante!

PMe gustaría saber dónde puede pedir un número del Seguro Social corporativo para mi negocio. Por favor infórmeme.

RNo existe algo como un número de Seguro Social corporativo. Los números del Seguro Social son solamente asignados a individuos. Usted se debe estar refiriendo a un número de identificación como empleador, el cual es un número asignado por la IRS para empleadores, ya sea corporaciones o unos trabajadores independientes. Le sugiero que se contacte con la oficina del IRS para obtener el formulario de solicitud si es eso a lo que usted se refiere.

PActualmente trabajo para una importante compañía de energía y la compañía usa una variedad de programas de computación. Uno de esos programas tiene cientos de números de Seguro Social de los empleados en plena exhibición. Considerando la intención del "robo de identidad" ¿no es esto peligroso? ¿ Se le permite a la compañía que muestre públicamente el número de Seguro Social del empleado? ¿Qué recursos tienen los empleados? Se les ha planteado este problema a los dirigentes y no han hecho nada al respecto para resolverlo.

RNo hay restricciones para que un empleador o cualquier otra persona use el número del Seguro Social mientras que no sea con propósitos fraudulentos. Sí, esto ocasiona peligro de robo de identidad, pero no hay nada que usted pueda hacer para prevenirlo. No obstante, si usted cree que alguien le ha robado la identidad a otro, puede reportarle a la Administración del Seguro Social, como así también al Federal Trade Commision. El número telefónico de la línea de emergencia del Seguro Social es 800-269-0271. El número de teléfono de la línea de emergencia del Federal Trade Commision para robo de identidad es 877-438-4338.

PTengo una pregunta ¿cuál es la manera más rápida para que yo pueda obtener un "reemplazo de mi tarjeta del Seguro Social?" Gracias.

RLa manera más rápida es yendo a la oficina del Seguro Social con una prueba de identificación. Para el reemplazo de tarjeta usted puede utilizar su licencia de conducir, una tarjeta de empleo o su pasaporte. Hay muchas otras formas de identificación que la Administración del Seguro Social aceptará si usted ya tiene un número y solamente necesita reemplazarlo.

PNecesito saber cómo puedo obtenerle un número de Seguro Social a un menor si ambos padres están encarcelados en prisión y él es tan pequeño que no puede obtenerlo por sí mismo.

RPresumiblemente el menor debería tener asignado un guardián. Si no, se le debiese asignar uno. El guardián debe solicitar el número de Seguro Social.

PActualmente estoy en octavo (8) grado y vivo en el estado de California. Mi maestra de historia me asignó una tarea. Una de las preguntas que forma parte de mi trabajo es "¿cuando comenzó nuestro país comenzó a otorgar seguros sociales a la gente?"

REl acta del Seguro Social fue aprobado como ley el 14 de agosto de 1935. Se volvió efectivo para las deducciones de los pagos de sueldo en 1937, fecha en el cual se pagaron los primeros beneficios de Seguro Social a los jubilados. En 1939 se amplió la ley para incluir a los dependientes familiares y sobrevivientes. En el año 1950 se agregaron los beneficios por incapacidad, como así también la cobertura para trabajadores independientes. El programa incluye a casi todos los trabajadores de América. En la actualidad hay cerca de 46 millones de beneficiarios que reciben prestaciones del Seguro Social cada año.

P¿Se puede buscar la edad o fecha de nacimiento de alguien a través de la tarjeta del Seguro Social? Gracias anticipada por su respuesta.

RLa Administración del Seguro Social mantiene la información de la fecha de nacimiento de cada persona cuando se solicita el número del Seguro Social. Al a Administración no le es permitido revelar esta información. Sin embargo, muchas compañías privadas de tarjetas de créditos y entidades bancarias obtienen la fecha de nacimiento e información del Seguro Social. Hay muchos recursos en el sector privado para obtener información personal de alguien basándose en el número del Seguro Social.

P Necesito una verificación en cuanto a la ley sobre quién puede pedirme legalmente el número de mi seguro social y quien no tiene derecho a hacerlo. ¿Podría decirme específicamente quién tiene derecho y qué dice la ley exactamente? Si está a su alcance, me gustaría que me diese el título de la ley y otros datos. Muchas gracias.

R La Administración del Seguro Social está autorizada a utilizar los números de Seguro Social al administrar el programa del Seguro Social. Adicionalmente, ciertas terceras partes están autorizadas a usar los números para propósitos específicos, incluyendo entre ellos el IRS, el Ministerio de Hacienda, bancos, los gobiernos estatales, los servicios federales de localizadores de padres y varias otras agencias federales. Muchas compañías privadas han usado el número del Seguro Social para sus propios fines y continúan haciéndolo. Aunque no esté autorizado por la Administración del Seguro Social, esos no son usos ilegales. La Administración del Seguro Social no tiene autoridad para prevenir el uso de los números del Seguro Social.

De acuerdo con el manual de operaciones de los programas del Seguro Social, no hay una ley que prevenga que una tercera persona use o requiera el número del Seguro Social como un instrumento identificador. Por supuesto que un individuo puede negarse a proveer el número cuando se le es requerido, pero la tercera parte puede negarse a otorgar el servicio en caso de tal negación. Debido a que no hay ninguna ley que prohíba el uso de los números, es muy difícil citar tal ley. No obstante, puede dirigir su atención al Manual de Operaciones de Programas del Seguro Social, Sección RM00201.010 titulado "non program use of the Social Security number "Uso sin Programa del número del Seguro Social".

P El administrador de mi plan de privado jubilación 401(k) me informó que si alguna vez hubiera una información incorrecta en mi récord del Seguro Social, tengo solamente tres años para descubrirlo y corregir el problema. Básicamente lo que él me está diciendo es que depende de mí personalmente revisar periódicamente mis registros por si hubiera posibles errores o estafas y que si no lo arreglo dentro de los tres años quedará en mi récord ¿Es cierto?

Me han robado mi tarjeta de Seguro Social hace un año y aunque yo he informado la pérdida, pareciera que esa ley de "tres años" podría plantear problemas potenciales en el futuro.

R Su administrador le ha dicho casi correctamente la regla general (es decir los años, tres meses y quince días), pero puede haber excepciones en cuanto al límite de tiempo. Por ejemplo en el caso de estafa (fraude) o error del personal de oficina.

Es muy importante revisar su récord de ingresos al menos cada tres años. El Seguro Social ha hecho esto más fácil enviando el estado de cuenta de sus ganancias a todo trabajador mayor de 25 años. Este programa acaba de comenzar, pero usted debería obtener el estado de cuenta alrededor de tres meses antes de la fecha de su cumpleaños. Puede usted pedirles que se lo envíen.

P Soy un estudiante universitario de 18 años de edad y he perdido mi tarjeta del Seguro Social. Quisiera saber si usted me pudiese dar alguna información tal como un número telefónico donde yo pueda llamar para obtener otra nueva. Siento mucho la simplicidad de mi pregunta, pero cualquier información que me pudiera ofrecer será muy bien apreciada. Muchas gracias por su tiempo.

R No deberías disculparte por la simplicidad de tu pregunta. Generalmente, la gente más inteligente la hace. Debes llamar al Seguro Social al 800-772-1213 que es el número de tarifa gratis de todo el país. Te tomará una buena porción de tiempo para conseguir comunicarte. Puedes visitar la oficina local del Seguro Social más cercana, pero asegúrate de llevar contigo tu tarjeta de identificación personal.

P Hoy día la gente utiliza el número del Seguro Social para todo. Me lo han pedido para alquilar una película, pero no se los di. Por favor dígame quien tiene derecho a pedirlo. Para aquellos que no lo tengan ¿Tienen el derecho de negarme sus servicios, crédito etc. si no se los doy?

R Cualquiera puede utilizar los números de Seguro Social con propósitos legales. Algunas organizaciones que no están relacionadas con el Seguro Social están autorizadas específicamente para usar los números, tales como instituciones bancarias, agencias gubernamentales del estado, servicio localizador de padres (programa federal de apoyo a los niños) y otras agencias federales. Otros usos como los del negocio de videos pueden requerirlos con fines legales, tales como identificación de clientes y mantenimiento de récord, pero usted puede negarse a dárselos. No obstante, ellos pueden negarle los servicios.

El número del Seguro Social se ha convertido en una especie de símbolo de registro nacional, y no hay nada que podamos hacer al respecto. Pero estoy seguro que usted sabe que debe ser muy cuidadoso a quién le da su número ya que corre el riesgo de que sea mal utilizado en diferentes maneras, incluyendo para "*robo de identidad*", que es cuando el ladrón abre una cuenta a nombre suyo y lo próximo que usted se entera es que está en la lista de los oportunistas o algo peor que eso.

P Hola. ¿Por favor, podría aconsejarme en cómo conseguir un estimado de cuánto he pagado en mi Seguro Social? ¿Qué sitio web me recomienda?

R Sí. Usted puede requerir su estado de cuenta del Seguro Social en línea a través del sitio web www.ssa.gov, busque en la sección de "servicios en línea" haga un clic sobre el pedido de estado de cuenta del SS (SS Statement request).

P Mi problema es que he estado buscando a mi hija, quien está fuera en una universidad en alguna parte de los EE.UU. Ella no se ha contactado con nosotros ni por ningún tipo de ayuda financiera, ni tampoco se ha contactado con su familia. Estamos muy preocupados por su paradero actual. Lo único que tenemos como identificación personal es su número del Seguro Social y su nombre. Si hay alguna forma de ubicarle con esta información, por favor díganoslo.

R El Seguro Social no revelará el paradero de alguien, pero le enviará una carta suya si hay una circunstancia especial, tal como por razones humanitarias o financieras. Cuando un padre busca contactarse con un hijo, se considera que es por motivos humanitarios. Además, el Seguro Social deberá estar satisfecho de que una persona desaparecida desearía conocer el contenido de una carta.

La desaparición fue en un pasado lejano (al menos varios meses) como para esperar que el Seguro Social tenga la dirección postal; y que se hayan agotado todas las otras posibilidades para contactar a la persona desaparecida Si un hijo(a) busca al padre, ellos le informarán al padre que el hijo(a) está buscándolo. Usted debe llegarse hasta la oficina local del Seguro Social y preguntarles acerca de esto. Si la persona que le entrevista no está familiarizado con estas normas, pídales hablar con un supervisor.

Apéndices

Apéndice 1
Lista Máximos Anuales de FICA

(Ganancias máximas sujetas al impuesto
al Seguro Social)

Año	Ganancias
1937 a 1950	$ 3,000
1951 a 1954	3,600
1955 a 1958	4,200
1959 a 1965	4,800
1966 a 1967	6,600
1968 a 1971	7,800
1972	9,000
1973	10,800
1974	13,200
1975	14,100
1976	15,300
1977	16,500
1978	17,700
1979	22,900
1980	25,900
1981	29,700
1982	32,400
1983	35,700
1984	37,800
1985	39,600
1986	42,000
1987	43,800
1988	45,000

Año	Ganancias
1989	48,000
1990	51,300
1991	53,400
1992	55,500
1993	57,600
1994	60,600
1995	61,200
1996	62,700
1997	65,400
1998	68,400
1999	72,600
2000	76,200
2001	80,400
2002	84,900

Los topes máximos futuros aumentarán sobre la base de la tasa de inflación y la Administración de Seguro Social los anunciará en el otoño del año precedente.

➤NOTA: En total, el impuesto de FICA asciende al 15.3% (la mitad pagada por el patrono y la otra mitad por el empleado), cantidad de la cual el 12.4% se destina a beneficios para la vejez, los sobrevivientes y seguro de incapacidad. Solamente esta porción del impuesto está sujeta a los límites indicados más arriba. No hay tope máximo para las ganancias sujetas a la porción del impuesto de FICA destinado al Seguro de Hospital (Medicare), la cual asciende al 2.9%, la mitad de cuyo costo cubre el patrono y la otra mitad el empleado.

Apéndice 2
De Ganancias Límites por Año

Año	Edad	Mensual	Anual
1992	Menos de 65	$620	$ 7,440
	65 o más	850	10,200
1993	Menos de 65	640	7,680
	65 o más	880	10,560
1994	Menos de 65	670	8,040
	65 o más	930	11,160
1995	Menos de 65	680	8,160
	65 o más	940	11,280
1996	Menos de 65	690	8,280
	65 o más	1041	12,500
1997	Menos de 65	720	8640
	65 o más	1125	13,500
1998	Menos de 65	760	9,120
	65 o más	1208	14,500*
1999	Menos de 65	800	9,600
	65 o más	1291	15,500*
2000	Menos de 65	840	10,080
	65 o más	1416	17,000*
2001	Menos de 65	890	10,680
	65 o más	2083	25,000*
2002	Menos de 65	940	11,280
	65 o más	2500	30,000*

* La Ley Pública 104-121, en vigencia desde el 29 de marzo de 1996, aumentó las cantidades exentas para los beneficiarios de 65 a 69 años de edad, respecto a las cantidades bajo la ley anterior, proporcionando una escala de cantidades fijas hasta el año 2002. Las cantidades exentas para aquellas personas menores de 65 se establecerán por separado cada año sobre una base corriente. Obsérvese también que a partir de 2000, las ganancias obtenidas después de cumplir la edad de jubilación completa ya no afectarán los beneficios.

Apéndice 3
Centros de Servicio
de Programas

Estos centros guardan los expedientes y tramitan ciertos casos después de su paso por una Oficina de Distrito. Véase la explicación de la Sección 102. Los casos se asignan sobre la base de las primeras tres cifras del número de reclamación del Seguro Social. Los casos de incapacidad en los cuales el trabajador tiene menos de 591/2 años de edad van a la Oficina de Tramitación de Asuntos de Incapacidad (PSC-7). Los casos en los cuales el reclamante vive en el exterior los tramita la División de Operaciones Internacionales (PSC-8).

Servicio de programa No. e iniciales del centro	Cuenta de Seguro Social Números de servicios Concretos (primeras tres cifras)	Dirección Postal
PSC-1 (NEPSC)	001-134	Social Security Administration Northeastern Program Service Center 96-05 Horace Harding Expressway Flushing, NY 11368
PSC-2 (MATPSC)	135-222 232-236 577-584	Social Security Administration Mid-Atlantic Program Service Center 300 Spring Garden St. Philadelphia, PA 19123
PSC-3 (SEPC)	223-231 237-267 400-428 587	Social Security Administration Southeastern Program Service Center 2001 12th Ave. N. Birmingham, AL 35285

Servicio de programa No. y iniciales del centro	Cuenta del Seguro Social Números de servicios concretos (primeras tres cifras)	Dirección postal
PSC-4 (GLPSC)	268-302 316-399 700 series	Social Security Administration Great Lakes Program Service Center 600 W. Madison St. Chicago, IL 60606
PSC-5 (WNPSC)	501-504 516-524 526-576 586	Social Security Administration Western Program Service Center BX 2000 Richmond, CA 94802
PSC-6 (MAMPSC)	303-315 429-500 505-515 525 585	Social Security Administration Mid-America Program Service Center 601 E. 12th Street Kansas City, MO 64106
PSC-7 (ODO)	All disability and end stage renal disease cases (under age 59 $\frac{1}{2}$)	Social Security Administration Office of Disability Operations Baltimore, MD 21241
PSC-8 (DIO)	Foreign Claims	Social Security Administration Division of International Operations BX 1756 Baltimore, MD 21203

Apéndice 4
Administración del
Seguro Social Recursos

El principal sitio web de La Administración del Seguro Social
www.ssa.gov

Para averiguar dónde queda la oficina cercana de la Administración del
Seguro Social
comuníquese al:
    1 800-772-1213
    http://www.ssa.gov/locator

Para obtener el formulario SS-5:
    www.ssa.gov/online/ss-5.html

Para solicitar una declaración:
    www.ssa.gov/mystatement/index.htm

Para bajar de Internet el formulario de depósito directo:
    www.ssa.gov/deposit/

Para denunciar un fraude:
    1 800-269-0271

Para estimar el Seguro Social:
    http://www.ssa.gov/planners/calculatores.htm

El localizador de oficina en línea:
    http://s3abaca.ssa.gov/pro/fol/folhome.html

(National Organization of Social Security Claimants's Representatives)
Organización Nacional de Representantes de Reclamos del Seguro
Social:

    1 800-431-2804

Federal Trade Commission ID Theft Hotline
Línea de emergencia de robo de identidad de la agencia del gobierno
que reglamenta e inspecciona los procedimientos comerciales en E U.

    1 877-438-4338

Índice

Acerca del Autor

Stanley A. Tomkiel III recibió su Licenciatura de Jurisprudencia (J.D.) de la Facultad de Derecho de Western New England en Springfield, Massachussets. Tiene licencia para ejercer su profesión en los estados de New York y Florida, en Estados Unidos.

El Sr. Tomkiel fue anteriormente empleado de la Administración del Seguro Social. Trabajó en varias oficinas de distrito del Noreste de EU como representante de reclamos. Actualmente desempeña su profesión en Yonkers, New York.